SOUVENIRS AUTOBIOGRAPHIQUES D'UN ÉMIGRÉ

LE CRIME DU PRÉSIDENT D'ENTRECASTEAUX
L'ARMÉE DE CONDÉ — LE MARIAGE D'UN ÉMIGRÉ
LA DUCHESSE DE COURLANDE ET LA DUCHESSE DE DINO
LA RENTRÉE D'UN ÉMIGRÉ

1790-1800

Publiés avec une introduction, des notes, et un index des noms,
par Eugène FORGUES

PARIS

ÉMILE-PAUL FRÈRES, ÉDITEURS
100, Rue du Faubourg-Saint-Honoré

M.CM.XXIV

3259

SOUVENIRS AUTOBIOGRAPHIQUES

D'UN ÉMIGRÉ

LE BARON DE VITROLLES

D'APRÈS L'ORIGINAL DE HESSE

APPARTENANT A M. LE COMTE DE VITROLLES

BARON DE VITROLLES

SOUVENIRS AUTOBIOGRAPHIQUES

D'UN ÉMIGRÉ

LE CRIME DU PRÉSIDENT D'ENTRECASTEAUX
L'ARMÉE DE CONDÉ — LE MARIAGE D'UN ÉMIGRÉ
LA DUCHESSE DE COURLANDE ET LA DUCHESSE DE DINO
LA RENTRÉE D'UN ÉMIGRÉ

1790-1800

Publiés avec une introduction, des notes, et un index des noms,
par EUGÈNE FORGUES

PARIS

ÉMILE-PAUL FRÈRES, ÉDITEURS
100, Rue du Faubourg-Saint-Honoré

M.CM.XXIV

INTRODUCTION

La crise violente et démesurée, qui jeta hors des frontières de France, de 1790 à 1800, plus de vingt mille individus appartenant aux classes les plus élevées de la société, a été racontée avec ampleur par beaucoup de ceux qui eurent à en vivre les heures tragiques et douloureuses. Tous, — ou presque, — avaient reçu une instruction suffisante, et se trouvaient capables de manier la plume avec quelque aisance. Et comme ils avaient durement souffert des injustices du sort, qu'ils se considéraient comme les victimes d'une destinée qui leur paraissait inique, ils éprouvaient le besoin d'en appeler au tribunal de l'opinion, et de faire le public juge de leur cause. De là toute cette série d'élucubrations plus ou moins historiques et de mérites si différents qui nous ont laissé peu de choses à ignorer dans le domaine des faits, des combats, des luttes d'influences ou des intrigues diverses qui firent le fonds de leur existence au cours de l'émigration. Mais plus rares furent ceux qui prirent soin de nous renseigner sur leurs idées quotidiennes, sur l'évolution nostalgique de leur esprit au travers des épreuves qu'ils eurent à subir, sur les péripéties qui accompagnèrent leurs tentatives pour rentrer dans cette France dont ils avaient si cavalièrement rejeté le joug maternel, sur ce qu'on peut appeler, en somme, la psychologie spéciale des émigrés. On ne peut guère citer, à ce point de vue, que cinq ou six ouvrages, émanés non pas des sommités de l'émigration, mais de personnages de second plan tout au plus, des humbles qui avaient fait litière de leurs intérêts personnels pour se vouer sans arrière-pensée à la défense de leurs convictions, et qui ne refusaient ni le combat, ni la souffrance. Quand on a dépouillé les *Souvenirs et Correspondances* du comte de Neuilly, publiés par M. de Barberey, les *Souvenirs de François de Cézac* (1), les *Notes intimes* du chevalier de Pradel de Lamase (2) auxquels il convient d'ajouter quelques pages des spirituels *Souvenirs et fragments* de Bouillé (3), on a fait à peu près le tour complet de cette étroite documentation. Viendront désormais s'y adjoindre, — au premier rang, — les *Souvenirs* du baron de Vitrolles contenus au présent volume. S'ils ne peuvent absolument prétendre à combler une lacune, on voit que du moins ils ne

(1) *Souvenirs de Fr. de Cézac*, publiés par le baron DE MARICOURT, Paris, Émile Paul, 1909, 1 vol. in-8°.

(2) *Notes intimes d'un émigré*, publiées par P. et M. DE PRADEL DE LAMASE, Paris, Émile Paul, 1913, 1 vol. in-8°.

(3) *Souvenirs et fragments*, par le marquis DE BOUILLÉ, Paris, Picard, 1902, 2 vol. in-8°.

tombent point dans la banalité des sujets rebattus. Leur mérite au point de vue de la sûreté des renseignements qu'ils nous donnent, la forme particulièrement soignée d'un écrivain de race, la nouveauté des aperçus qu'ils nous ouvrent, en font une des sources les plus attrayantes de l'histoire pendant cette période incertaine et troublée où la France se cherchait par tant de voies. Il nous a paru qu'il serait utile pour le lecteur de connaître au moins de façon générale ce que fut l'homme auquel nous devons ces croquis encore si vivants d'un temps déjà si loin de nous.

Le baron de Vitrolles (Eugène-François-Auguste), était né le 11 août 1774, au château de Vitrolles, dans un repli des Alpes les plus abruptes. Il était le fils d'un conseiller au Parlement d'Aix, et, suivant la marche normale des événements, il devait être destiné à remplacer son père dans la charge que remplissait celui-ci. On trouvera dans les pages qui suivent la description particulièrement exacte et détaillée de cet intérieur à la fois patriarcal et parlementaire où s'écoulèrent les premières années de sa vie. Son éducation paraît avoir été empreinte d'une certaine austérité, à peine tempérée par la bonté solide de sa mère, née de Pina, d'une excellente famille du Dauphiné. Il ébaucha ses études au collège de Monistrol, près du Puy, sous la direction générale de son oncle, l'abbé de Pina, vicaire général du diocèse, et sous la férule effective d'un pédagogue alors célèbre, l'abbé Proyart. Rarement deux influences plus contradictoires vinrent-elles s'affronter dans une même éducation. L'abbé de Pina était le type achevé d'un de ces prélats fins et courtois de l'ancien régime, dont la piété n'avait rien de sévère, et qui trouvaient le moyen de concilier les douceurs d'une vie assez mondaine avec les convenances d'une profession dont les austérités s'atténuaient pour eux. L'abbé Proyart, au contraire, était le modèle du cuistre intransigeant, et sa rigidité excessive ne paraît pas avoir laissé des souvenirs bien attrayants à son ancien élève, qui préférait de beaucoup la tutelle bienveillante et latitudinaire de son oncle. En 1789, l'oncle et le neveu allèrent en Suisse, près de Lausanne, rejoindre le reste de la famille qui avait jugé à propos d'aller y faire un court séjour en attendant les événements que semblait annoncer la réunion des États Généraux.

Ce fut là que, brusquement, au cours de sa seizième année, le jeune de Vitrolles se trouva face à face avec la Révolution, et devint, sans le savoir, et sans l'avoir positivement voulu, du moins au début, l'un des membres de ce flot d'émigrés qui coula hors des frontières de France, et pendant une dizaine d'années se répandit sur toutes les nations de l'Europe. Il n'eut pas, en réalité, à choisir son orientation. D'une part, ses traditions familiales, ses relations, sa discipline morale, toutes ses tendances naturelles, le portaient invinciblement à prendre parti du côté de la royauté menacée; et d'autre part, aucune influence contraire ne se trouvant à portée de combattre ses sentiments, la gêne commençant aussi à faire sentir sa pointe aiguë parmi les Français hors de France, il dut chercher bientôt où il pourrait le mieux servir la cause à laquelle l'attachait un dévouement si naturel. Et comme dans notre pays, à tous les degrés et en tout temps, la jeunesse a le sang chaud, que la noblesse, en particulier, a toujours professé le culte de la carrière des armes, M. de Vitrolles eut tôt fait de troquer ses espérances parlementaires, — d'ailleurs fort compromises déjà, — contre l'habit bleu fleurdelysé du corps de Bussy, qui portait fièrement le nom de *Chevaliers de la Couronne.*

Il a lui-même conté ce que fut son passage à l'armée de Condé, où il fit vaillamment tout son devoir, comme, du reste, un grand nombre de ses émules. Car il est temps de revenir définitivement sur les malveillantes légendes que des esprits injustes et sans clairvoyance se sont efforcés d'accréditer à ce sujet. Les armées de la République se sont acquis une gloire suffisante pour n'être point obligées de

rabaisser leurs adversaires. Quelle que fût la ban-
nière sous laquelle ils combattaient, les Français de
l'époque n'étaient pas, en somme, si différents les
uns des autres : c'étaient *les mêmes*, autant par leurs
qualités que par leurs défauts. Si bien qu'après
s'être longtemps battus, républicains et émigrés en
vinrent à s'estimer réciproquement — et à se le dire.
Moreau, à Biberach, proclama — non sans quelque
amertume — la valeur des Condéens. Et lorsque, plus
tard, François de Cézac vint, dans des circonstances
aussi amusantes que curieuses, solliciter l'officier du
génie Duchesne, chargé des travaux de la route du
Simplon, de lui procurer les moyens de rentrer en
France, celui-ci lui demanda d'où lui venait la
superbe estafilade qui partageait son visage.

« C'est en me battant contre vous, que je l'ai
récoltée, dit fièrement l'émigré.

— Oui-dà, reprit l'officier, nous savons bien que
vous êtes des braves, et de ceux dont on fait toujours
cas... Mais ne me parlez pas de ce tas de fainéants
qui faisaient la belle jambe à Hambourg et dans
les autres villes d'Allemagne tandis que vous vous
battiez pour votre roi... (1). »

La démarcation ainsi formulée a reçu la sanction
de l'histoire. Que l'émigration ait été une lourde
faute — faute *politique*, s'entend — c'est ce qu'au-

____

(1) *Souvenirs de Fr. de Cézac*, p. 265.

jourd'hui les monarchistes les plus convaincus, et M. de Vitrolles tout le premier, ne songeraient plus guère à contester. Ce n'était certes pas à l'heure où le statut social de leur caste, son principe et ses privilèges se trouvaient discutés et remis en question, qu'ils pouvaient être absents. Toute autre éventualité eût été préférable, fût-ce même la guerre civile, inévitable au surplus, et qui ne fut pas évitée. Elle aurait eu du moins cet avantage de trancher définitivement les questions en discussion, et de ne plus laisser place à l'équivoque. Et les hypothèses favorables ne manquaient point. Qui donc pourrait dire, par exemple, ce qu'eût été le siège de Lyon si le comte de Précy avait pu avoir à sa disposition les contingents de l'armée de Condé? Adossées à la Vendée, que n'auraient pu réaliser les troupes dites « des Princes », avec leurs cadres surabondants et leurs ressources techniques? Les émigrants furent incontestablement mal inspirés, même et surtout au point de vue de leurs intérêts. Ils eurent de plus cette malechance de disperser leurs efforts, de ne se rallier autour d'aucune direction unique, et d'agir sans cohésion, dans le sens de leurs individualités particulières. Monsieur ne s'entendait ni avec le Roi, ni, au fond, avec le comte d'Artois. Le prince de Condé ne s'entendait avec aucun des deux. Quelle unité pouvait-on attendre de conceptions aussi divergentes? Le résultat fut, en fin de compte, ce qu'il devait nécessairement être.

Enfin, en acceptant, en provoquant même l'intervention des puissances étrangères dans nos luttes intérieures, les émigrants devaient fatalement se heurter à deux insurmontables obstacles, d'où devait logiquement s'aggraver un insuccès si facile à prévoir. Ils tendaient d'une part à surexciter le sentiment national, qui trouvait alors à s'affirmer pour la première fois, en se distinguant du dévouement à la monarchie, avec lequel les émigrés s'efforçaient de le confondre (1). Ils aboutissaient ainsi à laisser sans base réelle, ou tout au moins à diminuer considérablement la valeur du sentiment élevé dont ils prétendaient s'inspirer. D'autre part, ils ne devaient trouver, auprès des pouvoirs étrangers auxquels ils s'adressaient, qu'un bon vouloir très relatif, et une demi-confiance, d'autant qu'ils prétendaient en toute circonstance rester groupés sous les chefs de leur choix (2). L'Autriche et la Prusse se lassèrent vite de

(1) V. plus loin, p. 47.

(2) Les rapports entre alliés et Condéens se ressentaient souvent de ces tendances divergentes. On sait que le prince de Condé refusa à différentes reprises des propositions qui devaient assurer l'avenir de son armée moyennant la reconnaissance des droits de l'Empereur sur tout ou partie de l'Alsace. Les émigrés en particulier n'étaient pas plus accommodants. Le frère du chevalier de Lamase, envoyé près d'un général autrichien pour affaire de service, dans un

ces alliés sur lesquels on ne pouvait compter que pour se battre, et qui se refusaient énergiquement à prendre des engagements qui eussent tendu à réduire ou à diminuer la monarchie française au lendemain de la victoire commune. De là des querelles incessantes, tant à propos des effectifs que de la solde et du ravitaillement, où finissait par s'effondrer la dignité d'un condottiérisme dont les puissances alliées entendaient bien s'assurer tout le profit, au meilleur compte possible. D'un pareil malentendu au point de départ, il ne pouvait sortir rien d'utile pour la cause royaliste, et le licenciement final de l'armée de Condé, en 1800, ne fut que la consécration d'un divorce dès longtemps amorcé.

M. de Vitrolles n'avait point attendu cette échéance inéluctable. Au commencement de 1795, il s'était trouvé — au cours de sa vingtième année ! — engagé dans une combinaison matrimoniale assez romanesque, dont le lecteur trouvera plus loin le récit

village de la rive droite du Rhin, fut reçu de façon fort désobligeante. « Messieurs les émigrés, lui dit le général, nous causent vraiment bien de l'embarras ! » — « Nous vous en causerions bien davantage », repartit l'émigré, en montrant de la main l'autre rive du fleuve, « si nous étions de l'autre côté ! » La scène faillit mal tourner. Le chevalier lui-même — l'un des plus enragés de l'émigration, — ne pouvait s'empêcher de se réjouir de la victoire de Jemmapes. V. *Souvenirs intimes de Lamase*, pp. 235 et suiv.

détaillé. Il épousait la fille adoptive de la duchesse
de Bouillon, Mlle Thérésia de Folleville. Cette union,
qui lui ouvrait d'autres perspectives dans un monde
très différent de celui où il avait vécu jusqu'alors,
lui faisait abandonner, non sans quelque regret, la
carrière militaire pour laquelle il se sentait un goût
assez décidé. Mais l'oisiveté ne pouvait convenir à
un esprit de cette trempe. Il employa les premières
années de sa vie conjugale à compléter des études
que l'agitation de la période précédente lui avait for-
cément fait négliger. Il voyagea en Allemagne, obser-
vant d'un œil aigu et notant au passage les choses
et les gens qu'il rencontrait. C'est à cette époque de
son existence que nous devons les tableaux successifs qu'on lira dans les pages qui suivent, et qui
donnent une idée si précise et si pénétrante de ce que
fut cette société de l'émigration, depuis les anciennes
beautés et les vieux courtisans du régime antérieur,
jusqu'aux illustrations de l'Allemagne contempo-
raine, jusqu'à cette curieuse cour de Weimar qu'il
fréquenta, et où il vit Wieland et Gœthe; jusqu'aux
personnes qu'il devait retrouver plus tard, en France,
dans le monde de la Restauration, comme la future
duchesse de Dino, le comte Albert de Mun, le duc de
Dalberg et tant d'autres.

Il n'était point fait d'ailleurs pour se contenter
longtemps de l'inaction dorée où il se trouvait réduit.
Dans son esprit — dans celui de tous les émigrés,

peut-on dire — une lumière nouvelle se levait peu à peu. On se prenait à songer à la France, à ce pays natal qu'on avait quitté avec tant de colère et sous le coup d'une indignation qui pouvait se justifier, mais qui commençait à tomber d'elle-même avec le temps. Et puis, la vie devenait dure, à l'étranger. Les plus heureux, à force de s'ingénier, finissaient, péniblement, par trouver un gagne-pain. Mais, pour beaucoup, c'était la mort par inanition sans phrases. La France, d'abord exécrée, revenait peu à peu dans les esprits désabusés. L'inutilité trop certaine de la lutte où ils s'attardaient leur faisait trouver plus amer l'exil indéfini. « Le sentiment de la patrie, écrit le marquis de Bouillé, excité de plus par l'intérêt personnel, se manifestait hautement et avec une sorte d'effervescence qui lui donnait presque tous les caractères de ce qu'on appelle la maladie du pays. » — Après Quiberon, c'est à peu près la débandade. « Tous les jours, écrit Mme de Neuilly, les émigrés partent par bandes de vingt-cinq, trente, et plus; cependant l'on ne sait trop pourquoi, car excepté dans quelques cas extraordinaires ou particuliers, l'on ne rattrape point son bien... Mais c'est une épidémie. *La plupart ne savent point pourquoi ils sont sortis, et savent encore moins pourquoi ils rentrent.* Mme de Saint-Aulaire est partie, Mlle d'Havrincourt, qui est Mme de Louvigny, part. Il n'y a pas jusqu'au baron chrétien (le chevalier de Montmorency), le fondateur de la pâtisseric à Hambourg, qui est rentré (1). » Et ce qui est plus curieux encore et plus inattendu, en même temps que plus significatif, les enfants des émigrés, ceux-là même qui avaient quitté la France trop tôt pour avoir pu en conserver un souvenir bien précis ou un regret bien vif, c'étaient ceux-là qui manifestaient avec le plus de hâte et d'impatience le désir de revoir le sol natal. Il faut lire, dans les *Souvenirs* du comte de Neuilly, les lettres ardentes écrites par lui et par sa sœur Clémentine à leur mère, pour la décider aux démarches et tentatives nécessaires pour leur permettre de rentrer, les refus et les réserves de l'intransigeante vieille dame, et enfin le départ des deux jeunes gens, dès que s'entr'ouvrent les portes de la France, laissant à regret, mais laissant néanmoins, leur mère en Allemagne (2). Il ne restait bientôt plus, à Hambourg, et dans les environs, que quelques rares enragés, tels le comte d'Angiviller qui préféra mourir à l'étranger, et la comtesse de Neuilly, qui ne voulut rentrer qu'en 1814. En Angleterre, il en allait de même. La présence des princes ne suffisait point à arrêter le torrent. Le comte d'Artois s'en étonnait, avec une candeur vraiment par trop innocente, et il avait peine à dissimuler quelque amertume au specta-

(1) *Souvenirs et Correspondance du comte de Neuilly*, lettre du 13 mai 1800, p. 130.

(2) *Ibid.* Lettre du 19 mai 1800, pp. 313 et suivantes. -

cle de tant de défaillances. « Cependant on voyait tous
ces émigrés qui touchaient ou aspiraient au moment
de rentrer, porter à M. le comte d'Artois, lorsqu'il
quitta Londres, les marques les plus affectées de
leurs regrets et de leur attachement; et l'archevêque
d'Aix (de Boisgelin) qui n'était pas plus dupe que
moi de cette comédie, me disait plaisamment à ce
sujet : « Ils vont tous chez Monsieur les larmes aux
yeux, et leur passeport dans la poche (1) ! »

L'expérience avait été dure. Elle fut profitable.
Et lorsque trente ans plus tard, le roi Charles X,
déchu, dut reprendre le chemin de l'exil, nul ne songea plus à émigrer (2). Ceux-là même qui poussèrent
la fidélité jusqu'à l'accompagner furent bien peu
nombreux : on eût pu les compter sur les doigts de
la main.

M. de Vitrolles n'avait pas attendu ces dernières
heures de l'émigration. Dès avant le 18 fructidor, son
parti était pris, et il faisait d'actives démarches pour
pouvoir rentrer en Provence. Il s'agissait pour lui de
reprendre, autant que faire se pouvait, le cours de
son existence normale, il s'agissait aussi de sauver
ce qui pouvait être sauvé de son patrimoine. Par un

(1) *Souvenirs et fragments*, par le marquis DE BOUILLÉ,
t. II, pp. 471 et suivantes.

(2) Le baron Cottu, un des conseillers à la Cour royale de
Paris, mari de l'amie de Lamennais, fut, je crois bien, à peu
près le seul. Encore rentra-t-il sans trop tarder.

heureux concours de circonstances, il se trouva que
son nom ne figurait point sur la liste des émigrés de
son département : seul son père y était inscrit, et
il était décédé depuis plusieurs années. Après d'émou-
vantes péripéties dont le lecteur trouvera plus loin
le récit pittoresque et détaillé, il parvint à ses fins,
et, en mars 1800, il arrivait à Paris. Il y demeura
quelque temps, puis reprit le chemin de Vitrolles où
il se fixa, tout en conservant de fréquents contacts
avec la capitale. Il ne tarda pas à être désigné comme
maire de sa commune et conseiller général du département des Hautes-Alpes. Peu à peu, Bonaparte se
transformait en Napoléon. M. de Vitrolles, fidèle à ses
anciens maîtres, n'en fut point ébloui. Une ironique
intrigue de bureaux fit un jour de lui un inspecteur des
bergeries impériales. Il n'y avait là ni de quoi le
séduire, ni de quoi l'attacher. Il assista sans enthousiasme au développement de l'autocratie napoléo-
nienne, et lorsque l'étoile du vainqueur de Marengo
montra quelque tendance au déclin, il lui sembla
qu'un retour à l'ancienne dynastie pouvait seul sauver la France dans le cataclysme qui s'apprêtait, et
que, par suite, ce retour s'imposait.

Les désastres de 1812 et 1813 achevèrent de lui en
démontrer l'urgence. Son esprit pénétrant et cultivé,
son imagination ardente et fertile en furent profondément impressionnés. Il pressentit dès lors le terme
prochain du règne de Napoléon, et se préoccupa

chaque jour davantage des moyens à employer pour utiliser au profit de ses convictions l'échéance désormais inévitable. Dès son retour en France, il avait renoué avec son ami Dalberg, l'ancien représentant du margrave de Bade, mué par la baguette de Napoléon en un duc français, conseiller d'État, et fortement avantagé. Ce haut personnage, accablé des faveurs de la fortune, ne se montrait cependant pas satisfait. Par lui, M. de Vitrolles touchait à Talleyrand, qui trouvait, lui aussi, qu'il avait à se plaindre de Napoléon. Lors de la réunion du Congrès de Châtillon, les appréhensions de M. de Talleyrand allèrent en augmentant. Il lui fallait être renseigné sur ce qui s'y ferait, Il fallait aussi qu'il pût y avoir quelqu'un pour y laisser tomber quelques paroles, de celles qui restent dans l'esprit de ceux qui les entendent. Il lui fallait en un mot un émissaire qui eût assez de poids et d'énergie pour se faire écouter, et qu'il pût cependant désavouer en toute sécurité, le cas échéant. Le duc de Dalberg lui parla de M. de Vitrolles; il le lui indiqua comme le *missus* possible, à la fois habile et résolu, qui pourrait transmettre aux plénipotentiaires étrangers toutes informations utiles sur l'état des esprits en France, et en particulier à Paris, et tenter tout au moins d'entraîner la rupture des négociations entamées avec Napoléon. Talleyrand accepta en principe le concours de M. de Vitrolles; il promit même de l'accréditer par quelques lignes peu compromettantes, auprès des ministres étrangers de sa connaissance. Mais le moment venu, il tergiversa, suivant son habitude, et le « vieux singe », comme disait Dalberg, finit par laisser partir l'émissaire sans lui fournir aucune référence quelconque. M. de Vitrolles se mit en route muni seulement par Dalberg de quelques mots à l'encre sympathique, bien insignifiants, destinés au comte de Stadion et à M. de Nesselrode. Quelques mots tracés sur un morceau de gaze par la comtesse Étienne de Durfort devaient l'accréditer auprès du comte d'Artois.

Parti de Paris le 6 avril 1814 au matin, M. de Vitrolles couchait le soir même à Château-Landon, le 7 à Villefranche, le 8 à Joigny; de là, franchissant. les avant-postes ennemis il atteignait Auxerre le 9, s'arrêtait à Tonnerre le 10, et arrivait enfin à Châtillon-sur-Seine le 11 avril dans la matinée. Ce n'est point ici qu'il convient de relater par le menu ce que furent ses entrevues avec les diplomates de la coalition. Il l'a fait lui-même de façon définitive dans ses *Mémoires* (1). Il suffira de rappeler qu'elles eurent pour résultat d'appeler l'attention des alliés sur la situation intérieure de la France, sur la nécessité pour

(1) *Mémoires et relations politiques du baron de Vitrolles*, publiés par Eugène Forgues, Paris, Charpentier, 1884, 3 vol. in-8°, aujourd'hui épuisés.

eux de rompre définitivement toute négociation avec
Napoléon, et de marcher d'un commun accord et
avec toute leur énergie sur Paris. Il leur démontra en
outre de quelle utilité pouvait être pour eux le concours des princes de la maison de Bourbon, auxquels
ils n'avaient pas encore songé. Il obtint enfin d'aller
trouver le comte d'Artois à Vesoul, et le mit également au courant de la situation. Il prit aussitôt
auprès de ce prince le rôle important que lui impo-
saient les circonstances et à travers les dangers, les
difficultés les plus variées, malgré les obstacles incessamment renouvelés sur son chemin par la jalousie
sournoise de Talleyrand, par les ambitions mal satis-
faites des nouveaux courtisans du succès, par les
craintes et les récriminations de tous les pourvus
inquiets du lendemain, on peut dire que ce fut lui
qui parvint à installer à Paris le Gouvernement provisoire du Lieutenant-général du royaume (1). M. de
Vitrolles entrait dans son conseil avec le titre et les
attributions de ministre secrétaire d'État.

(1) On se rendra un compte exact, au surplus, de l'importance du rôle joué par M. de Vitrolles en 1814, en lisant la
lettre suivante qui lui fut adressée deux ans plus tard par
M. de Metternich, et dont je dois la communication au
bienveillant concours de M. le comte de Vitrolles.

Le prince de Metternich à M. de Vitrolles.

« J'ai reçu avec bien de l'intérêt la lettre que vous m'avez
écrit (*sic*) par le porteur de la présente. Je le charge de vous

La suite de l'existence de M. de Vitrolles au cours des deux Restaurations est trop connue pour qu'il y ait lieu d'y revenir dans le cadre étroit d'un avant-propos aux *Souvenirs de l'Émigré*. Elle est le fonds même de ses *Mémoires et relations politiques*, et il n'est qu'un seul moyen de la bien connaître, c'est d'y avoir recours. C'est en effet dans ces quinze années, où la France, après avoir retrouvé la paix, allait amorcer tout son développement ultérieur pendant plus d'un demi-siècle, que tient toute la période vraiment active de l'ami de Charles X. C'est

parler de toute mon amitié et de la part que je prends toujours à ce qui se lie à votre attitude personnelle.

« Je rassemble des matériaux épars pour completter (*sic*) un jour le cadre du récit des événements de 1813 et 14. Vous êtes appellé (*sic*) à y jouer un grand rôle, et si vous n'avez jamais pensé à coucher sur le papier le récit de votre fameuse course, je vous invite bien instamment à le faire. Si vous me communiquez ce récit, vous me ferez grand plaisir. M. de Pradt s'est emparé d'une parti (*sic*) des faits; mais ils sont jetés là, comme la plupart de ses ouvrages, sans règle et sans ordre.

« Conservez-moi, mon cher baron, amitié et souvenir.

« METTERNICH. »

« Vienne, ce 18 nov. 1816. »

On trouve, dans les *Mémoires* de Talleyrand, un récit des faits qui confirme entièrement celui de M. de Vitrolles, et une lettre de M. de Nesselrode à M. de Bacourt, qui n'est pas moins explicite.

durant ces quinze années qu'il lutta, avec bien des alternatives de succès et de revers contre les bergers, sinon mauvais, du moins médiocres, qui se disputaient la garde et la conduite du troupeau royal. Les idées qu'il défendait avec sa fermeté coutumière n'étaient pas celles qui triomphaient dans les conseils du Roi... Aussi comptait-il de nombreux adversaires aussi bien parmi les satisfaits que parmi les ambitieux de tout poil dont il perçait à jour les bassesses ou les intrigues. Les services qu'il avait rendus, ceux qu'il aurait pu rendre encore, offusquaient la tourbe des courtisans uniquement préoccupés de leurs intérêts particuliers. Si l'on veut bien songer que sa finesse d'observation, doublée d'une certaine dose de causticité naturelle, le mettait à même de voir clair dans toutes les combinaisons louches qui s'élaboraient dans son voisinage, et souvent même de crever d'un mot juste et cruellement appliqué, les ballons d'essai lancés à sa portée, on concevra sans peine qu'il dut collectionner de nombreuses inimitiés. On peut dire que, politiquement, M. de Vitrolles fut l'homme le plus haï de son temps. Et cette haine ne visa pas uniquement ses convictions et ses idées. Comme toujours en France, elle chercha — sans y réussir — à atteindre l'homme et à le déconsidérer. Il n'en avait cure, étant de ceux qui savent ce que vaut la popularité, et à quel prix elle s'achète. Il voyait plus haut, et cherchait plus loin. Jamais homme ne consentit moins à sacrifier ce qu'il jugeait vrai à ce qui pouvait seulement lui être utile.

Il avait, au surplus, des compensations fort appréciables. Au premier rang, il faut compter l'estime et la confiance du comte d'Artois, qui lui restèrent acquises quand ce prince monta sur le trône. D'autres membres de la famille royale, le duc et la duchesse de Berry, le duc de Bourbon, la duchesse d'Angoulême lui faisaient accueil et honoraient sa fidélité. D'illustres amitiés, que rien ne pouvait refroidir, s'attachaient à lui sans réserve : Berryer, Lamennais, Chateaubriand, le duc de Fitz-James, le duc de Dalberg, le comte de Bruges, le comte de Saint-Aulaire, et bien d'autres qui, sans partager intégralement ses vues, savaient apprécier la valeur de son esprit clair et vif. Dans ce monde parisien de la Restauration, qui a laissé de si durables souvenirs dans l'esprit de tous ceux qui ont eu la faveur de s'en approcher, les succès de M. de Vitrolles ne se comptaient plus et les plus célèbres hôtesses de l'époque se disputaient ce causeur alerte et toujours en verve, ce gentilhomme d'excellente compagnie qui prodiguait sans compter les ressources de son imagination si finement nuancée. Chez la duchesse de Duras — l'auteur d'*Ourika*, — chez la comtesse de Durfort, il était de fondation l'organisateur des fêtes. On a recueilli dans les *Mémoires de Fr. Chéron*, le commissaire du Roi près du Théâtre-Français, un fort amusant billet qui le montre

dans l'exercice de sa fonction (1). Il était également fêté chez la duchesse de Dino, qui tout en prodiguant, à l'instigation de Talleyrand, des sourires de commande aux libéraux qui combattaient le roi Charles X,

(1) *Mémoires et récits de François Chéron*, publiés par F. Hervé-Bazin, Paris, Société bibliographique, 1882, pet. in-8°. — François Chéron, qui avait débuté sous Louis XVI, était le continuateur de ces *pœtæ minores* de la fin du XVIIIe siècle pour qui les vers de circonstance ou de société étaient une branche — et importante — de la littérature. Il était le fournisseur attitré du baron de Vitrolles, qui faisait souvent appel à son concours. Voici le billet ci-dessus mentionné :

Le baron de Vitrolles à Fr. Chéron.

« J'ai encore besoin de vous, mon très cher, et si vous vous en plaignez, prenez-vous en à vos talents, qui vous rendent un homme nécessaire dans des genres très différents.

« Il s'agit cette fois de quelques couplets pour la fête de Mme Henriette de Durfort : c'est chez elle, à la Bretèche, en habits de paysans et paysannes, que nous la célébrerons. Dans le nombre seront deux bergers et une bergère qui sont les musiciens de la troupe, et qui, dans le fait, chantent très bien. Tout cela est très simple; mais ce qu'il y a de difficile, c'est que la bonne duchesse d'Orléans douairière vient passer la journée du vendredi, et que c'est elle, encore plus que Mme Henriette, qu'il faut chanter, et encore plus que tout cela, le vieux Folmon, son chancelier, son Blondel, celui qui l'a sauvée, qui nous l'a ramenée : au moins, c'est ainsi qu'elle croit et qu'il faut dire.

« Pour les airs, vous les choisirez : le *Petit homme* vous a si bien réussi une fois dans votre vie qu'il nous plairait.

gardait pour l'ami du vieux souverain les plus flatteuses démarches d'une amitié qui n'était peut-être pas entièrement désintéressée.

L'année 1830 appela M. de Vitrolles à la Chambre des Pairs. Il venait d'être frappé dans ses affections les plus chères par la mort de sa fille, survenue le 23 août 1829 à Florence, où il remplissait avec distinction les fonctions de ministre plénipotentiaire. L'âge venait, et sa santé, sans être mauvaise, ne lui permettait plus les vigoureuses interventions de sa jeunesse et de son âge mûr. Il pouvait escompter à Paris une vieillesse paisible et bien assise : il trouva les ordonnances de Juillet et la révolution. Lors de la constitution du ministère de Polignac, il avait été question d'appeler M. de Vitrolles au ministère de la Marine. « Mais, dit Montbel, on a craint l'effet du nom (1) ». Ce fut pour M. de Vitrolles une chance heureuse de ne point faire partie de cette

Mais voyez. Après cela, il me semble que cet air serait peutêtre difficile pour le couplet au chancelier.

« Si mon instruction ne vous paraît pas assez claire, je vous en offre une plus ample demain à déjeûner. Avouez, mon cher, que les grands talents sont à charge et que je suis indiscret, mais sachez que j'ai le droit de l'être par mon attachement pour vous.

« E. V. »

« Samedi matin. »

(1) V. *Souvenirs du Comte de Montbel,* Paris, Plon, 1923, in-8º p. 216.

combinaison néfaste. Il n'aurait, au point de vue parlementaire, apporté aucune force à ses collègues. Il n'eût vraisemblablement pas été écouté dans ses conseils, et il aurait sans doute payé de plusieurs années d'exil ou de détention son dévouement à une tentative mal orientée. Le dimanche 25 juillet, il se trouvait à Saint-Cloud, où il venait pour remercier le Roi. Il avait conçu quelques inquiétudes au sujet des bruits de coup d'État qui commençaient à circuler dans le public. M. de Vitrolles prit à part M. de Guernon-Ranville dans un coin de la bibliothèque où se tenait le conseil, et lui dit : « Je ne vous demande pas le secret du conseil; mais je vous engage à bien réfléchir avant de prendre des mesures décisives; le moment ne serait pas bien choisi; une grande fermentation agite les esprits à Paris, *et l'on ne peut prévoir quelles seraient les suites d'un mouvement populaire...* », — Les paroles de M. de Vitrolles ne laissèrent pas de faire quelque impression sur son interlocuteur. Mais M. de Peyronnet ne partageait point les appréhensions de M. de Vitrolles et le préfet de police Mangin se chargea de rassurer M. de Guernon-Ranville en lui affirmant que Paris ne bougerait pas, et *qu'il en répondait sur sa tête* (1).

(1) *Journal d'un ministre,* par Guernon-Ranville, Caen, Le Blanc-Hardel, 1 vol. in-8°, 1873, p. 153. Inutile d'ajouter que la tête de M. Mangin resta sur ses épaules.

Les ordonnances furent contresignées quelques instants plus tard. La révolution allait y répondre.

Ce que furent pour M. de Vitrolles les dernières heures de la dynastie à laquelle il s'était si constamment dévoué, on a pu le voir par ses *Mémoires*. Ce qu'on y voit moins ce sont les dangers qu'il n'hésita point à courir une fois de plus, les fatigues épuisantes devant lesquelles il ne recula pas, les violences qu'il dut se faire, les contraintes qu'il dut avoir le courage d'imposer au Roi pour l'amener à revenir sur les mesures déplorablement maladroites qui avaient eu de si terribles résultats. En le voyant entrer à l'Hôtel de Ville, Casimir Périer ne put cacher son effroi. « M. de Vitrolles ici ! dit-il à l'oreille de M. de Sémonville; nous croit-il donc assez forts pour le sauver? » Après avoir lutté jusqu'à la dernière minute, le dévoué serviteur dut abandonner le champ de bataille. Une fois de plus ses conseils n'avaient pas été écoutés, et ses efforts avaient échoué.

La Révolution de 1830 ne marquait pas seulement la fin de sa carrière politique. Elle l'atteignait également dans sa fortune. Il fut très promptement éliminé de la Chambre des Pairs par l'article 68 de la Charte de 1830, qui annulait « toutes les nominations et créations nouvelles de pairs faites sous le règne du roi Charles X ». Ce texte, au surplus, ne l'eût pas visé qu'il aurait très certainement refusé de prêter serment au nouveau roi. Pendant ce temps, MM. Pasquier et Decazes, l'un et l'autre comblés des faveurs de la monarchie déchue, et qui se trouvaient absents lors des événements, se hâtèrent de revenir pour prêter ce même serment, qui ne leur coûtait pas davantage que les précédents. M. de Vitrolles put en concevoir quelque orgueil.

Il se retira pour un temps à Vitrolles, où quelques mois plus tard son dévouement devait être de nouveau mis à l'épreuve. La duchesse de Berry n'acceptait point pour son fils la déchéance que Louis-Philippe avait voulu lui imposer. Elle se considérait comme chargée de ses intérêts et de la régence, malgré les réserves formulées par Charles X dans sa déclaration du 27 novembre 1830, et elle agissait sans tarder. Dès janvier 1831, elle avait partie liée avec le maréchal de Bourmont, investi du commandement des futures armées de l'Ouest et du Nord. De concert avec lui, et d'après les conseils du jurisconsulte Feuillant, elle préparait tout le mécanisme de l'insurrection qu'elle espérait déchaîner contre le gouvernement de Louis-Philippe; désignait des généraux pour servir sous les ordres de Bourmont, des commissaires civils « pour servir d'intendants », car elle entendait bien faire revivre les anciennes provinces; prévoyait les institutions plus ou moins libérales dont elle cherchait à s'entourer, rédigeait les premières proclamations à l'aide desquelles elle comptait s'ouvrir les routes de France et gagner le cœur des citoyens et surtout des soldats. Elle nommait d'avance — ô ironie ! — jusqu'aux ambassadeurs près les cours étrangères. Elle correspondait avec ses agents à l'intérieur : Mme de la Rochejacquelein, en Vendée; le colonel d'Albicy, dans le Midi; Chazelles, à Paris; Mme du Cayla — l'ancienne favorite de Louis XVIII — à Jersey. Elle devait nécessairement songer à M. de Vitrolles, qui avait eu déjà à subir trois jours de détention préventive, après lesquels il avait été relâché.

Après une longue attente où le désaccord entre la princesse et son royal beau-père alla en s'aggravant de jour en jour, elle finit par se mettre en route et débarqua en Provence le 26 avril 1832. Dès ses premiers pas, elle fut assaillie par de graves déceptions. Les départements du Midi, qu'on lui avait dépeints comme prêts à se soulever en sa faveur, ne firent aucun mouvement. Marseille, sur laquelle elle croyait pouvoir compter, ne bougea point. Dès son arrivée, elle était réduite à errer de cachette en cachette. Mais elle se refusait à abandonner la partie à peine entamée; et c'est alors qu'elle eut l'idée de gagner la Vendée, où elle avait voyagé en 1828, et où elle avait conservé d'ardentes sympathies. Elle se confia, pour l'exécution de ce projet, à l'un de ses plus dévoués serviteurs, le vicomte Alban de Villeneuve-Bargemont. Celui-ci s'en ouvrit « à un homme d'un esprit élevé et d'une haute expérience, le baron de Vitrolles, qui se trouvait à Aix en ce moment (1) ». M. de Vitrolles s'occupa aussitôt de tracer pour la princesse un plan de conduite et de campagne, qu'il remit à M. de Villeneuve-Bargemont. Il fit plus : le départ s'imposait chaque jour avec plus d'urgence. Il mit à la disposition de la duchesse de Berry sa propre voiture, dans laquelle elle partit le 3 mai. Elle était accompagnée seulement du comte de Mesnard et de MM. de Lorges et de Villeneuve-Bargemont. Celui-ci, avant le départ, échangea « bien des réflexions, et des craintes qui n'étaient en partie que trop fondées » avec l'ancien ami de Charles X.

Le voyage se fit par Moissac, Agen; puis le lundi 7 mai, à trois heures du matin, on traversait Bergerac. A une heure, les voyageurs étaient à Saint-André-de-Cubzac. Ce fut là que la duchesse acheva la lecture du mémoire de M. de Vitrolles, et qu'elle demanda à M. de Villeneuve-Bargemont de le lui remettre, pour qu'elle pût le communiquer aux membres de son conseil de Vendée. Elle arriva ainsi au château de Plassac, appartenant au marquis de Dampierre, où elle s'arrêta quelque temps, et d'où elle expédia ses ordres aux principaux chefs vendéens,

(1) *Journal du Vicomte A. de Villeneuve-Bargemont (inédit).* Ce précieux document nous a été communiqué en extraits par l'obligeant intermédiaire de M. le baron Régis de Vitrolles, consul général de France.

fixant la prise d'armes au 24 mai. D'étape en étape, elle parvint ainsi au manoir des Mesliers, appartenant à M. de la Roche-Saint-André, où elle séjourna quelque temps. C'est là que le 23 mai elle reçut la visite de Berryer, qui tenta vainement de la faire renoncer à une entreprise dont chaque jour diminuait les possibilités de succès. Il ne put rien obtenir, si ce n'est un ajournement de l'insurrection, ce qui ôtait aux combattants toute chance de pouvoir surprendre les soldats de Louis-Philippe, désormais avertis.

La lutte, engagée dans d'aussi déplorables conditions, ne pouvait aboutir qu'à un échec qui fut réalisé dans les derniers jours de mai. Alors commença le calvaire de la malheureuse princesse, traquée de refuge en refuge par l'implacable police de son oncle. Du 31 mai au 8 juin ce fut la fuite incessante et hasardeuse, jusqu'au jour où la duchesse put atteindre Nantes et s'y réfugier chez les dames du Guigny, dans une maison où elle put enfin s'arrêter et prendre quelque repos. Elle devait y demeurer cinq mois, et n'en sortir que prisonnière, pour aller terminer à Blaye, par un accouchement imprévu, la triste aventure où sombraient ses espérances.

M. de Vitrolles s'était proposé dès le début de rejoindre la duchesse de Berry le plus tôt possible en Vendée, et de lui donner sans compter le bénéfice de son expérience et de ses conseils. Après le premier mémoire qu'il avait remis à M. de Villeneuve-Bargemont vers le 1er mai, il en avait transmis un second à la date du 10 septembre suivant. Lui-même s'était mis en route pour se rendre auprès d'elle. Mais un pareil voyage, à cette époque, n'était ni aussi facile, ni aussi simple qu'il le serait aujourd'hui. Il l'était encore moins pour M. de Vitrolles dont la notoriété n'avait pas été — on l'a vu — sans porter ombrage à la police soupçonneuse de Louis-Philippe (1). Mais l'ancien émigré n'était pas de ceux qui se laissent arrêter par de semblables obstacles. Il parvint à obtenir un passeport pour la Bretagne, et se mit en route vers la fin d'octobre, refaisant le trajet qu'avait suivi, quatre mois auparavant, la duchesse de Berry. Parvenu à Plassac, il comptait s'assurer, par l'intermédiaire de M. de Dampierre, les moyens de parvenir jusqu'à elle. Il dut tout d'abord rétrograder jusqu'à Bordeaux pour y faire viser son passeport. Il était de retour à Plassac, lorsque, le 10 novembre, parvint au château la nouvelle de l'arrestation de la duchesse à Nantes. Depuis cinq mois elle défiait les efforts de la police du juste-milieu. Il avait fallu, pour que celle-ci parvînt à ses fins, qu'un Deutz lui livrât la princesse.

---

(1) C'était l'époque où le père de celui qui écrit ces lignes, débarquant à Paris, tout jeune et fort imberbe, se voyait arrêté et obligé de démontrer à un commissaire de police trop zélé, qu'il n'était point la duchesse de Berry, voyageant en travesti.

Soûs l'imprévu et la violence du choc, M. de Vitrolles plia. Sa santé, déjà ébranlée, céda, et il dut
s'aliter sous le coup d'une grave indisposition. Ce
fut dans ces circonstances douloureuses qu'il entreprit, une dernière fois, sans force comme sans espoir,
de rédiger pour la duchesse une dernière et émouvante exhortation, qui représente, on peut le dire,
son testament politique. « Comment recueillir ses
esprits, écrivait-il, comment rassembler ses pensées,
au moment où la foudre est tombée sur nos têtes? »
Faisant effort néanmoins pour retrouver ce qu'il avait
pensé, et pour en donner un résumé succinct, « comme
une table des matières », il commençait par rappeler
qu'il n'avait cessé de conseiller à Madame, comme
« essentiel *à sa position personnelle* », de rentrer dans sa
famille pour un séjour, si court fût-il, qui lui aurait
donné de nouvelles forces, et aurait prouvé au dedans
et au dehors « qu'il y avait accord dans les vues,
unité d'action, et conformité dans la marche qu'on
s'était tracée ». Suivaient des conseils sur l'organisation intérieure provisoire, sur « la difficulté du choix
des hommes, et la vanité des noms propres », où se
manifestait l'horreur de la réclame qui caractérisait
le fidèle serviteur de la monarchie. Il fallait donc
désigner ceux « qui agréeraient le mieux aux gens
qu'ils auraient à diriger, *sans jamais admettre cependant qu'ils fussent choisis par une élection : car il ne
faut jamais accepter les voies de la démocratie pour*

rétablir la monarchie ». Le vieux légitimiste se retrouve
là tout entier : des concessions, assez libérales même,
tant qu'on voudra, mais aucune transaction qui
porte atteinte au droit supérieur et antérieur de la
royauté. « Le rétablissement d'Henri V, continuait-il
serait illusoire si ce rétablissement était soumis à
des conditions plus ou moins populaires d'opinion,
de liberté. » C'est là l'affirmation la plus nette
et la plus claire du principe monarchique, qui n'a
nulle part ailleurs été formulé avec autant de vigueur.
Mais pourquoi faut-il qu'aussitôt après, cette pensée
d'une si émouvante franchise s'obscurcisse et dévie
vers de fâcheuses compromissions? « En conce-
vant et en adoptant ce système, insiste-t-il, sans
jamais en dévier pour quelque cause que ce soit...
il faut la plus grande prudence pour ne jamais le
mettre au jour, — au contraire. Madame doit avoir
l'air indifférente sur les moyens, les accepter tous...,
quelles que soient les personnes, quels que soient
leurs principes politiques et leur manière de concevoir
et de tracer l'avenir de la monarchie... C'est *de la
coquetterie politique* qu'il faut employer avec tous,
en conservant la plus grande rigueur de principes
et de conduite. » On voit que M. de Vitrolles s'adressait à une femme, et savait lui parler le langage
nécessaire pour être compris.

Mais est-ce à dire que la netteté des conceptions
qu'il énonçait précédemment doive être ternie par on ne

sait quels conseils de duplicité? — Nullement, et ce serait mal juger les sentiments de l'auteur du mémoire.
Seulement M. de Vitrolles avait l'esprit trop judicieux
pour ne pas se rendre compte, en 1832, que la doctrine
du pouvoir monarchique, supérieur et antérieur à toute
constitution, était celle-là même dont les derniers
ministres de Charles X avaient cru trouver l'expression dans l'article 14 de la première Charte, et sur
lequel ils avaient tenté d'édifier les néfastes ordonnances de Juillet. Et c'était précisément l'édifice construit sur cette base dogmatique et fragile que le
peuple de Paris, d'un coup de reins, avait jeté à terre
en trois journées. On conçoit dès lors que M. de Vitrolles
fût fondé à éprouver quelque crainte à la perspective du contact de sa doctrine avec les réalités. Et
c'est ce qui le conduisait à se réfugier dans la misérable équivoque où s'étaient traînés, quinze années
durant, les gouvernements de la Restauration, persistant à présenter comme de simples concessions
révocables *ad nutum* les maigres garanties constitutionnelles que la nation, dans son ensemble, s'acharnait à considérer comme des droits inébranlables et
définitivement conquis par elle depuis 1789. — Le
mémoire s'achevait par quelques conseils sur les
rapports de la Régence, avec l'extérieur, sur les
moyens financiers, etc., dont personne mieux que
l'auteur ne comprenait l'inanité dans les circonstances où se trouvait la princesse. « Voilà, terminait-il,

un aperçu bien insuffisant des sujets qu'on espérait traiter avec Madame; aujourd'hui le courage et la pensée meurent devant la catastrophe qui nous accable! » Ce document mélancolique ne devait pas parvenir à l'infortunée princesse. Remis par M. de Vitrolles au marquis de Dampierre, on dut bientôt juger que les événements qui se déroulaient avec rapidité lui enlevaient toute opportunité (1) et toute chance d'utilité.

M. de Vitrolles dut regagner Paris, où il s'employa de son mieux à adoucir la captivité de la duchesse de Berry. Puis il rentra définitivement dans le calme et la sérénité qui convenaient à la hauteur de son esprit. Quelques années après, il tenta avec quelques amis, d'établir une vaste institution de crédit, sur des bases nouvelles : l'*Omnium*. Mais cet établissement, après une courte durée, dut s'arrêter sur une liquidation honorable. M. de Vitrolles vécut encore assez longtemps dans le culte des lettres et des nombreuses amitiés qu'il avait conservées. Il s'attachait à raconter dans ses *Mémoires* et dans les *Souvenirs* qui vont suivre, les grands événements auxquels il lui avait été donné d'assister. A part une cécité qui allait en s'aggravant de jour en jour, il avait con-

(1) Le mémoire ici analysé demeura dans les archives du château de Plassac. J'ai pu en avoir communication, grâce au bienveillant concours de M. le baron Régis de Vitrolles.

servé, dans l'âge le plus avancé, la plénitude de toutes
ses facultés, la chaleur de son cœur, l'extraordinaire
lucidité de son intelligence, lorsque dans les derniers
jours de juillet 1854, une maladie accidentelle vint
tout à coup briser sa verte et vigoureuse vieillesse.
Il s'aperçut le premier que sa fin était proche et s'y
prépara avec une résignation très chrétienne. Il
s'éteignit le 1ᵉʳ août 1854, dans son appartement
de la rue Saint-Lazare, où tant d'affections sincères
et dévouées étaient venues si souvent le chercher et
l'entourer.

' Si maintenant de cette vie si variée et si insuffi-
samment condensée dans les pages précédentes, on
cherche à dégager ce que fut le rôle de M. de Vitrolles sous les souverains auxquels il dévoua toute
son activité et toutes les ressources de son remarquable esprit, on s'aperçoit très vite qu'il ne lui fut
pas accordé de donner toute sa mesure, et d'accomplir toute sa destinée. « Pourquoi ne m'a-t-on pas
fait connaître cet homme-là? » s'écriait Napoléon,
en écoutant le récit de ses multiples aventures. Il
est certain que les princes de la maison de Bourbon
ne surent ni utiliser, ni reconnaître le dévouement
qui s'offrait à eux avec tant d'abnégation et de spon-
tanéité. Au moment même où la duchesse de Berry,
débarquant en France, sollicitait ses conseils et
empruntait son carrosse, on voit, dans les désigna-

tions qu'elle avait préparées, de quelle façon elle
entendait récompenser ses services passés et futurs :
il figure, dans la liste de ses représentants à l'extérieur, en qualité d'ambassadeur à Turin. En d'autres
termes, elle le reléguait dans un poste diplomatique
de second ordre, à peine supérieur à celui qu'il occupait déjà cinq années auparavant (1)! Comment
s'étonner que de pareilles inconséquences aient fini
par aboutir aux résultats que l'on connaît? L'ingra-
titude du rôle où fut confiné M. de Vitrolles, et qui
fit de lui un conseiller toujours tardivement consulté,
et jamais écouté, ne saurait au surplus peser sur sa
mémoire, qui fut celle d'un homme dévoué à son
roi, à son pays, à ses amis, d'un esprit élevé, d'un
caractère énergique, et qui servit fidèlement la cause
qu'il avait adoptée, sans s'inquiéter de savoir quels
profits il pouvait et devait en retirer.

Eugène FORGUES

30 septembre 1923.

(1) V. *Charles X et la duchesse de Berry en Angleterre*, par
G. GAUTHEROT, dans la *Revue des Études historiques*, juil-
let-septembre 1923.

SOUVENIRS AUTOBIOGRAPHIQUES

D'UN ÉMIGRÉ

I

S'il m'eût été donné de choisir les conditions de ma naissance, j'aurais certainement voulu naître Français — peut-être même Provençal. Il semble que par son esprit naturel et sa vivacité, le Provençal soit plus Français que nul autre. Je me serais arrangé pour ne pas venir au monde treize ou quatorze ans avant la Révolution. J'aurais placé ma naissance une centaine d'années plus tôt, au risque d'être janséniste, et persécuté avec Port-Royal et ces grands Arnauld, sortis aussi de la Provence, et de même souche que moi (1). Enfin, dût-on s'en étonner, je n'aurais pas demandé une autre fortune que

---

(1) La famille Arnauld d'Andilly s'était séparée de la branche aînée de cette maison, qui resta en Provence, vers l'an 1220. L'auteur des récits qui vont suivre, dernier rejeton de la branche restée en Provence, possède le titre authentique du partage fait à cette époque entre les deux frères. Le cadet eut les biens d'Aigueperse, en Auvergne, où sa descendance resta longtemps avant de venir s'établir à Paris (*Note de M. de V.*).

la large aisance de ma famille. Je n'aurais pas voulu une autre noblesse que celle qui m'a été léguée par une longue suite de conseillers au Parlement, alliés des meilleures maisons de la province, et la qualité de petit-neveu du bailli de Suffren, qui était le frère de ma grand'mère.

On comprendra facilement cette modération de mes vœux, si l'on veut bien tenir compte des résultats de l'éducation de famille, antérieurement à la Révolution. A l'époque où je suis né, les grandes règles du devoir, généralement ébranlées et méconnues dans beaucoup de milieux, semblaient s'être réfugiées dans les familles parlementaires. La corruption était plus haut. Je ne parle pas de ce désordre des mœurs auquel Philippe d'Orléans attacha son nom, et dont il fut le type éhonté. On s'en était dégoûté. Je veux dire cette corruption de l'esprit qui détruit tous les principes et brise tous les liens sociaux. Les premières classes du peuple avaient perdu la raison de leur existence. Il n'y avait plus de grands seigneurs. Les hommes de Cour, après avoir abdiqué leur dignité aux pieds des rois, cherchaient à descendre de leur haute situation et croyaient venger leur bassesse par l'insulte (1).

La France semblait n'avoir échappé au protes-

(1) Le duc de Liancourt, grand-maître de la garde-robe, affectait de paraître à Versailles, le jour de la Saint-Louis, (1788) en habit, veste et culotte de nankin, et il n'en fut pas chassé. Le comte A. d'A..., officier des gardes du corps, disait dans un salon de Grenoble, au moment où il partait pour aller prendre son service : « Oui, je vais à Versailles.

tantisme que pour tomber plus bas : des princes de l'Église, des cardinaux, des archevêques professaient l'athéisme et accordaient leurs mœurs à leurs croyances (1). C'était en réalité le petit nombre ; mais c'étaient aussi les plus en vue (2).

Mais, s'il y avait quelque part un drapeau levé contre la royauté, j'y courrais bien plus vite ! »

(1) Les cardinaux de Rohan et de Loménie, les archevêques de Narbonne, d'Aix, etc. L'archevêque de Narbonne présentait sa nièce, la princesse de R..., qui venait d'épouser M. de B. On parlait de la conduite des femmes dans le monde. L'archevêque, debout devant la cheminée, avec l'attitude et le ton d'un prédicateur, dit en se tournant vers sa nièce : « Une femme doit bien savoir qu'elle n'aura d'amis à quarante ans que ceux qu'elle aura eus pour amants dans sa jeunesse. » On dit que l'avis ne fut pas perdu.

Le cardinal de Rohan fut exilé à son abbaye de la Chaise-Dieu à la suite de l'affaire du collier. Il charmait son ennui par toutes sortes de distractions, entre autres en parcourant à cheval les sentiers les plus difficiles de ces montagnes d'Auvergne. Un des fermiers de sa riche abbaye avait un jeune poulain qui n'était pas encore en âge d'être monté. Le cardinal le lui demanda plusieurs fois. L'autre, après s'y être longtemps refusé, finit par céder. En montant à cheval, le cardinal lui dit : « Soyez tranquille, mon cher, votre cheval n'en viendra que mieux. Je lui donnerai la bénédiction... avec le derrière ! »

(2) La vérité veut qu'on reconnaisse qu'il y avait malgré tout, dans la noblesse comme dans le haut clergé, un bon nombre de modèles d'honneur, et des prélats d'éminente vertu. Leur conduite était une protestation vivante contre ces dépravations de l'esprit. Les ducs de Biron et de Brissac à la Cour, les évêques du Puy, de Clermont, de Saint-Pol-de-Léon, de Saint-Malo et bien d'autres, faisaient partie de cette

Les mœurs de la haute magistrature s'étaient mieux préservées. Tous les chemins des honneurs, de la fortune, de l'avancement, lui étaient absolument fermés. Les membres du Parlement n'avaient aucun moyen de sortir, non seulement de leur carrière, mais de leur place, et les générations se succédaient sans que le petit-fils parvînt à autre chose que ce que le grand-père avait acquis. Ils ne pouvaient perdre leur charge que par une condamnation de forfaiture, chose à peu près sans exemple, ou par une mesure de discipline intérieure fort rare. C'est ainsi qu'ils s'étaient élevés à la plus complète et à la plus noble indépendance, et qu'ils ne pouvaient plus avoir d'autre ambition que celle de la considération publique. L'inamovibilité des juges est un vain mot, et l'impartialité qu'on en devrait attendre disparaît, lorsque la magistrature est devenue une carrière comme l'état militaire, que l'on y a introduit les grades et la subordination, que l'avancement s'accorde à la faveur et à la fantaisie des agents du pouvoir. C'est un piège continuellement tendu à la conscience des magistrats. Celui qui repousserait une prévarication sollicitée par l'or ou tout autre intérêt grossier peut très bien se tromper lui-même lorsqu'il s'agit d'un avancement auquel il croit toujours avoir

---

catégorie. Ils furent l'objet de la vénération publique lorsque la tempête les dispersa au milieu des peuples étrangers, et furent admirés de tous, même de ceux qui étaient les plus éloignés de la religion dont ces vénérables prélats se trouvèrent être les martyrs.

des droits. Cet avancement n'est-il pas le témoignage
de son mérite personnel, l'honneur de sa famille, la
gloire de sa carrière? Et pour l'obtenir, il faut si peu
de chose ! Un peu de complaisance pour l'autorité,
complaisance qu'on peut se dissimuler à soi-même
sous le prétexte d'un devoir. L'impartialité de la
justice était mieux garantie par l'institution des Parlements.

Les charges de conseiller et de président, originairement grevées d'une finance par Louis XII et ses
descendants pour subvenir aux pressants besoins de
l'État, étaient par la suite devenues une propriété de
famille. La charge dont j'étais héritier avait été créée
sous Louis XIII et achetée par un de mes aïeux pour
soixante mille livres qui vaudraient aujourd'hui plus
de deux cents mille francs. Elle rendait deux mille
francs de revenu, et a été remboursée par quarante
mille francs en assignats. — Ces charges se vendaient
et s'achetaient. Mais pour les occuper, il fallait obtenir l'agrément du Roi, — c'était une pure formalité —
et être reçu par le Parlement. Il en délibérait, et pouvait refuser un postulant sans en donner les motifs.
L'exclusion ne devait être prononcée que pour cause
d'incapacité personnelle, ou de taches sur la famille
du candidat. On exigeait aussi la noblesse de la naissance, mais sans tenir compte du plus ou moins d'an-
cienneté. Les Parlements de Bretagne et de Provence
passaient pour être les mieux composés, c'est-à-dire
pour compter plus de membres appartenant à
d'anciennes familles. En effet, les noms les plus considérables de la Provence avaient passé ou étaient

encore au Parlement d'Aix. La distinction généralement admise entre la noblesse de robe et la noblesse **d'épée** disparaissait chez nous. Les aînés restaient presque toujours au Parlement, tandis que les cadets entraient dans l'état ecclésiastique, dans le militaire de terre ou de mer, dans l'ordre de Malte. Ils devenaient évêques, lieutenants-généraux, cordons rouges, ou riches commandeurs et baillis de Malte. — **Les** membres du Parlement de Paris, par contre, étaient presque tous sortis de familles de province ou du haut commerce, — de la rue Saint-Denis, comme on disait alors. Ils durent uniquement leur illustration à la grandeur du corps dont ils furent membres héréditaires, et aux grandes charges de la magistrature dont ils furent revêtus.

Les Parlements étaient cours souveraines. Ils exerçaient deux fonctions distinctes : le jugement en dernier ressort des causes civiles et criminelles, et d'autre part un contrôle sur les actes du Gouvernement pour l'enregistrement des ordonnances et des édits royaux. Lorsqu'ils jugeaient que ces ordonnances « *excédaient les lois établies* », qu'elles grevaient les peuples, ils faisaient d'humbles remontrances. Si le Roi n'y faisait pas droit, ils les renouvelaient; mais en dernière analyse, ils obéissaient aux ordres qui leur étaient itérativement donnés, au nom du Roi, par des *lettres de jussion*. C'était ce qu'on appellerait aujourd'hui un droit de *veto* suspensif.

Ce pouvoir politique n'était à la vérité reconnu par aucune loi fondamentale. Il s'était introduit par l'usage, par la nécessité de donner aux actes de l'au-

torité une publicité légale, et une force exécutoire
aux lois que les Parlements étaient chargés d'appliquer. C'était enfin une conséquence du besoin de
liberté et de résistance aux empiétements du pouvoir
qui est inné dans le cœur de tous les Français : à
défaut de la réalité, ils en veulent au moins l'apparence. Aussi s'attachaient-ils à la prérogative des
Parlements comme à la seule égide de la liberté, en
l'absence de toute représentation nationale. Les
États Généraux n'avaient pas été réunis depuis le
règne de Louis XIII (1614). Aussi disait-on des Parlements qu'ils étaient des États Généraux au petit
pied.

N'est-il pas étonnant qu'une institution aussi bien
ordonnée se soit développée sous la condition de la
vénalité des charges? L'esprit a peine à le comprendre.
Aussi n'est-ce pas le raisonnement qui crée les institutions sociales. Elles se forment peu à peu dans la
succession des temps, par une série de conséquences
naturelles et souvent inaperçues. C'est ainsi qu'elles
se conforment aux mœurs et que les mœurs les
acceptent par l'influence mutuelle qu'elles exercent
les unes sur les autres. Ne voyons-nous pas combien
la raison est impuissante lorsqu'elle veut créer, tout
à coup et de toutes pièces, les institutions d'un
peuple? Les Parlements furent les véritables conser-
vateurs de la monarchie, soit qu'ils défendissent la
couronne contre les tentatives d'indépendance des
grands vassaux, contre les prétentions des princes
ou les séditions populaires; soit qu'ils protégeassent
le peuple contre les abus du pouvoir. Ce furent les

Parlements, et celui de Paris en particulier, qui furent les véritables gardiens du pouvoir royal. S'ils ont pu se maintenir jusqu'à nos jours, c'est qu'ils s'étaient constamment opposés avec courage aux prétentions abusives de la noblesse.

En de telles mains, la justice était grande et belle. Elle était intellectuelle et morale au lieu de matérielle et mécanique qu'on l'a rendue. Les lois étaient appliquées librement selon l'esprit, au lieu de l'être servilement selon la lettre, et l'accusé se trouvait mieux garanti par la conscience éclairée et impartiale de pareils juges que par la conscience ignorante et passionnée du jury. On ne citait pas un exemple de prévarication, mais plusieurs de restitutions généreuses faites par des magistrats scrupuleux pour réparer le tort de leurs distractions ou de leurs négligences.

Aussi s'étonnerait-on aujourd'hui des respects dont s'entourait l'exercice de ces grandes fonctions. Ils en étaient le seul prix et la meilleure récompense. La considération est à l'heure actuelle une monnaie dont l'empreinte est effacée : elle n'a plus cours. Les princes ne reçoivent pas aujourd'hui les témoignages de vénération qui accompagnaient partout un simple conseiller de Parlement. A Paris, les familles de magistrature, même les plus considérables, les Lamoignon, les d'Aguesseau, les Molé, etc., ne portaient aucun titre, n'allaient pas à la Cour. C'était plutôt une question d'indépendance que d'infériorité, car elles s'alliaient par mariage aux plus grandes maisons. Si un membre du Parlement se rendait à Versailles, et allait chez un ministre, il traversait les salons remplis des plus considérables de la Cour, maréchaux de France, cordons bleus, qui attendaient leur tour d'audience. Dès qu'il paraissait, l'huissier à chaîne ouvrait les deux battants, et le magistrat, censé ne venir jamais que pour affaires d'État, entrait sur-le-champ dans le cabinet du ministre. En Provence, où les traditions romaines avaient, à la vérité, donné à la magistrature plus d'importance qu'ailleurs, j'ai vu mon père traversant la province pour se rendre dans ses terres, recevoir des honneurs caractéristiques. Il avait cependant quitté l'habit noir et les cheveux longs, costume obligé de la judicature, pour vêtir le simple habit de campagne de camelot gris, avec galons et brandebourgs en argent. Il n'en recevait pas moins dans les villes et villages où il s'arrêtait les hommages des corps de ville, qui venaient le complimenter, les conseils à leur tête, revêtus de leurs insignes. On n'aurait jamais songé à en faire autant pour son fils, lorsque trente ans plus tard il traversait les mêmes pays en qualité de ministre du Roi.

II

C'est au milieu de ces mœurs graves, de ces habitudes sévères que je reçus ma première éducation. Ma mère — la plus tendre des mères — s'en était chargée. Elle y apportait un sens droit, un esprit solide, une forte raison. Ses qualités, et la considération dont jouissait mon père, réunissaient chez nous les personnes les plus distinguées : le président de Saint-Vincent et son fils, le président des Noyers, nos parents; M. de Castillon, procureur général, et plusieurs autres. Ceux que je nomme avaient le plus frappé ma jeune imagination. Ils ont laissé une mémoire honorée. Le procureur général d'un Parlement, à l'époque dont je parle, était connu de toute la France, et plus que ne l'est aujourd'hui un ministre. M. de Castillon avait succédé à M. de Monclar. Il fut appelé à l'Assemblée des Notables et s'y fit remarquer. MM. Fauris de Saint-Vincent et des Noyers s'étaient attachés à l'étude de l'antiquité, et faisaient revivre de notre temps la grande figure de Peiresc.

Je vois encore la tête imposante du président de Saint-Vincent, amaigrie par l'étude, comme les cénobites l'étaient par l'abstinence, et je me le représente tel qu'il fut dans les temps les plus malheureux de la Révolution. Aix eut aussi sa journée de meurtres.

Le peuple, soulevé, se saisit des hommes qu'on lui désignait comme ennemis. Le même jour vit massacrer MM. Pascalis et Guiramont, et le marquis de la Roquette. Ce dernier fut attaché à un arbre sur le Cours, en face de son bel hôtel. On eut à peine le temps de fermer les volets des croisées pour que sa malheureuse mère n'eût pas sous les yeux le spectacle de cet horrible supplice. Le peuple furieux, et ivre du sang qu'il venait de verser, était encore attroupé sur la place, lorsque le président de Saint-Vincent sortit de son hôtel, situé en face de celui de la victime. Rien n'était changé à son costume : il portait son habit de velours noir à très longue taille, et à basques très courtes, boutonné jusqu'à la ceinture, et tombant droit vers les genoux, sa perruque à trois marteaux et son chapeau sous le bras. Il ne se cachait pas. Il allait porter à Mme de la Roquette, la mère, les premières consolations à la suite d'un si affreux malheur. Il traversa la foule de ces furieux, et sa présence suffit à leur imposer un profond et respectueux silence. Ils se rangèrent pour lui ouvrir un passage, et s'inclinèrent devant une aussi grande et aussi courageuse vertu.

Au cours ordinaire de leur vie, ces graves personnages cherchaient dans l'intimité d'une société choisie le délassement de leurs occupations sérieuses. Leur conversation était nourrie, sans recherche et sans prétention, quelquefois enjouée, toujours polie. M. de Castillon, en particulier, avait un esprit fin et piquant. Parfois il empruntait à la langue provençale l'expression que le français ne lui fournissait pas à son gré. Le langage de ce temps-là était plus étudié, plus cadencé; il avait quelque chose de plus solennel que le nôtre. Il ressemblait à celui des meilleurs auteurs. Peut-être les discoureurs s'écoutaient-ils un peu trop eux-mêmes, mais au moins, ils écoutaient parfaitement les autres, quand leur tour était venu. Tout dans leurs paroles respirait le savoir et la vertu, et les sentiments de l'honneur et du devoir dominaient tout. Je parle ici des anciens.

Les jeunes étaient plus ardents, et mon père était de ce nombre. Les discussions tournaient souvent en disputes. Ils s'animaient sur les sujets du jour : la guerre de l'indépendance américaine, et les glorieux combats de notre marine; l'administration de la province, les compte-rendus de M. Necker et les réponses de M. de Calonne; Voltaire et Rousseau; les inventions de Montgolfier; Mesmer et le magnétisme. On se passionnait; on allait jusqu'aux personnalités. On sortait rouge de colère, en frappant les portes; mais on rentrait un moment après et on se serrait les mains.

On ne m'avait pas laissé le temps d'être enfant. Point de contes de bonnes, point de petit langage. On m'expliquait tout, et je comprenais ainsi, en partie, les sujets dont on s'occupait. Mes études étaient celles de mon âge : le latin, etc., et mes meilleures récréations étaient les lectures choisies par ma mère et faites avec elle. Quelquefois on me forçait à penser en me donnant à répondre, même devant quelques personnes, à des questions de morale pratique, telles que celle-ci : » Si un criminel, poursuivi par la justice, venait vous demander asile, quel parti prendriez-vous? celui de le cacher, de le repousser, ou de le dénoncer? » — D'autres fois, j'apprenais par des réprimandes les devoirs de l'état auquel j'étais destiné. A l'époque où Mirabeau soutenait contre sa femme le procès en séparation qu'elle lui avait intenté, il vint lui-même, devant le Parlement d'Aix, porter la parole dans sa propre cause. J'avais sept ou huit ans. Le jour où il prononça son célèbre plaidoyer, mon père voulut me faire assister à l'audience, et me fit placer au banc des huissiers. J'étais assis précisément au-dessous du fougueux orateur, de telle sorte que je ne pouvais pas tourner la tête pour le regarder, sans être couvert de la pluie qui accompagnait ses paroles. Quel baptême, grand Dieu !

Je vois encore sa figure passionnée, si expressivement laide et cicatrisée de la petite vérole, sa tête de lion, son cou et sa taille de taureau, sa coiffure exagérée, son expression d'audace. On dit qu'il fut très éloquent; mais il fut surtout très injurieux contre l'avocat de Mme de Mirabeau. C'était Portalis, depuis lors brillant orateur dans nos assemblées politiques, ministre des Cultes sous l'Empire, homme de vertu et de parole autorisée. Mirabeau fit pleuvoir sur lui les invectives à coups si pressés, que Portalis tomba évanoui dans la salle même. Il aurait eu un tout autre courage vis-à-vis d'un de ses confrères; mais ici l'homme de qualité l'accablait. Le lendemain, je griffonnai ce que j'appelais dans mon langage d'enfant un plaidoyer contre Mirabeau. L'affaire fut sérieuse pour moi. Je fus vertement réprimandé, parce que ce barbouillage que je croyais innocent pouvait faire préjuger l'opinion de mon père. Grave infraction à ses devoirs !

D'autres leçons m'étaient données suivant les occasions. — Mon père apportait un jour à ma mère des pièces d'or qu'il avait reçues du Parlement. Il croyait qu'elles avaient passé par les mains d'un criminel condamné à la peine capitale. Ma mère les prit avec dégoût, les jeta dans une cuvette pleine d'eau, et les fit savonner, frotter et essuyer devant moi. Elle voulait certainement, par ce procédé, m'inspirer une plus profonde horreur pour le crime.

III

Au moment où je parle de la sévérité des mœurs
de la magistrature et du respect dont elle était environnée, je dois apporter à cette règle générale une
épouvantable exception qui d'ailleurs ne devrait que la
confirmer (1). En 1784, un capitaine de la marine mar-
chande avait préparé pour la ville d'Aix le spectacle
d'un ballon tel que Montgolfier venait de les inventer.
Ce navigateur avait promis de tenter en personne
l'épreuve de cette navigation aérienne. Il comptait
sur la rétribution d'un grand nombre de spectateurs
pour payer la construction de son immense machine,
et il espérait ensuite faire une prompte fortune en
allant le premier montrer à Constantinople et dans
le Levant cette nouvelle conquête de la science.
L'ascension était fixée à neuf heures du matin, et
dès sept heures, tout le monde était en mouvement
pour se rendre à la cour des casernes, où devait s'effectuer le départ de l'aérostat. Ma mère attendait un
ami de la famille, le chevalier de Beauval, qui devait

(1) Sur le crime dont le récit va suivre, le lecteur peut
utilement consulter le livre de M. J. Audouard, intitulé :
*Un drame passionnel à la fin du XVIII⁰ siècle, le crime du
marquis d'Entrecasteaux*, Paris, Daragon, 1910, 1 vol. in-8⁰.
— Il est à noter que M. Audouard n'a point eu connaissance
du récit de M. de Vitrolles.

l'accompagner, pour aller jouir d'un spectacle si nouveau. Il arriva bientôt, le visage profondément bouleversé, et nous raconta que peu d'instants auparavant, la présidente d'Entrecasteaux avait été trouvée assassinée dans son lit, la gorge ouverte de plusieurs coups de rasoir. Mme d'Entrecasteaux était de nos parentes (1). Elle était en relations suivies avec ma mère, sans être cependant de son intimité. A cette affreuse nouvelle, ma pauvre mère ne voulait plus sortir, et il fallut toute la compassion que lui inspirait mon désappointement pour l'empêcher de se renfermer chez elle. Mais au lieu d'aller dans la cour des casernes, elle m'emmena sur une des collines qui dominent ce bâtiment pour me faire voir le spectacle sans être obligée de se mêler à la foule.

Ce fut un événement plein d'émotions. Après une longue attente, le ballon s'était rapidement élevé dans les airs. Il s'y soutint aussi longtemps qu'on put fournir au réchaud les matières combustibles, paille humectée d'huile, etc., qui lui étaient nécessaires pour maintenir sa force ascensionnelle. Mais la provision n'en était pas suffisante, et la machine redescendit rapidement non loin de l'endroit d'où elle était partie. Elle nous fut un instant cachée par les maisons et les hautes murailles de la ville, puis tout à coup nous la vîmes rebondir, s'enflammer en montant et brûler en l'air. Les débris de la galerie de bois qui l'entourait tombaient à chaque instant et

(1) La présidente d'Entrecasteaux était née Angélique-Pulchérie de Castellane-Saint-Iners.

donnaient sans cesse l'illusion que c'était le malencontreux capitaine qui se précipitait ainsi d'une si terrible hauteur. Il n'en fallait pas tant pour frapper ma mère, dans l'état d'inquiétude où la nouvelle du matin l'avait jetée. Elle s'évanouit complètement. Nous ne trouvâmes pas sur ces collines d'oliviers une seule goutte d'eau pour la secourir, et il fallut attendre pour la ramener péniblement chez elle que la nature eût repris son cours naturel.

L'aéronaute était d'ailleurs sain et sauf. Au moment de la descente, il avait sauté à terre lorsque le ballon avait été près du sol. Celui-ci alors était brusquement reparti. Ce n'était pas là l'affaire du spéculateur qui craignait de le voir se perdre. Aussi se saisit-il d'une corde pour tâcher de le retenir. Mais il ne put y parvenir, et n'eut que le temps de lâcher prise à douze ou quinze pieds de terre. L'effort qu'il avait fait avait suffi à incliner l'aérostat. Des charbons avaient roulé du réchaud sur la nacelle de toile goudronnée peinte à l'huile, c'est-à-dire fort combustible. C'est ainsi que nous l'avions vu brûler en l'air.

En rentrant, nous ne rencontrions que des gens préoccupés de l'affreux événement de la nuit. La ville en était soulevée. On accusait l'insuffisance évidente de la police, et cependant on ne signalait aucun vol. Le peuple se portait en foule devant l'hôtel d'Entrecasteaux, situé sur le Cours, comme toutes les plus belles maisons de la ville. Des groupes se formaient où l'on commentait avec vivacité les circonstances du fait. Le président d'Entrecasteaux était frère du navigateur qui a rendu son nom célèbre par les recherches dont il fut chargé pour découvrir le sort de La Pérouse (1) et lui porter des secours s'il était encore possible. Cette famille, dont le nom était Bruni, descendait d'un des deux fils du plus riche négociant de Marseille qui avait vécu, si mes souvenirs sont exacts, dans le commencement du règne de Louis XIII. Ce grand négociant avait obtenu la faveur de la Cour par les sacrifices pécuniaires qu'il avait su faire aux époques de pénurie. Il avait par ailleurs acheté pour ses deux fils les plus beaux châteaux, les plus belles terres de la Provence, et leur avait ainsi constitué à chacun un revenu de plus de cent mille livres. Enfin, il avait obtenu pour tous les deux des charges de président à mortier au Parlement. L'un des deux avait fondé la branche des Bruni de la Tour d'Aigues, et l'autre celle des Bruni d'Entrecasteaux. Il existait, à l'époque dont je parle, trois générations de cette dernière famille, portant tous trois le titre de président. Le grand-père,

(1) Les deux frères étaient fils de J.-B. de Bruni, marquis d'Entrecasteaux, président à mortier au Parlement d'Aix-en-Provence, et de Dorothée de Lestang de Parade. Le célèbre marin était alors chef de division et commandant de la station des mers de l'Inde, avec l'autorité de gouverneur sur les îles de France et de Bourbon. Profondément affecté du crime commis dans sa famille, il offrit à diverses reprises sa démission au Roi qui la refusa. On sait qu'il fut nommé contre-amiral à la formation du 1er janvier 1792, et vice-amiral le 29 juin suivant. Il succomba en mer, près de Java, le 20 juillet 1793, d'une maladie du foie.

qui avait cessé d'exercer sa charge, vivait retiré dans son hôtel; il avait atteint un âge très avancé. Son fils, qui n'avait guère eu que le titre de sa fonction, habitait le plus souvent Paris et était, par suite, assez mal vu en Provence, comme tous ceux qui désertaient leur pays d'origine. Le petit-fils, qui demeurait avec son grand-père, était à peine âgé de trente-cinq ans. Il avait commencé par entrer au service; mais il n'avait pas tardé à le quitter pour occuper sa charge et se marier.

Sa femme était peu jolie, mais bonne et aimable. Il en avait eu deux filles. Lui-même était fort beau, très brun, avec des yeux noirs, des cheveux également noirs, un peu crépus, et qui s'étalaient dans son costume parlementaire, où l'on portait ce que l'on appelait « les cheveux longs », c'est-à-dire tombant derrière la tête dans toute leur longueur, et seulement rattachés dans le bas par une grosse boucle de cheveux, maintenue par de grandes épingles. Sa réputation était ce qu'on pourrait appeler douteuse. On ne savait trop à qui l'on avait affaire. On a parlé, surtout depuis le fatal événement, de sa cruauté, exercée dès son enfance, sur des oiseaux vivants, dans lesquels il piquait des épingles comme il eût pu le faire dans une pelote. Il était de notoriété publique qu'il entretenait une liaison fort intime avec une dame de la société, Mme de Saint-Simon, dont on a trouvé les témoignages dans une correspondance qui laissait apercevoir l'origine du crime et les incitations à le commettre. On recueillit aussi des circonstances qui indiquaient de précédentes tentatives. On avait trouvé des noyaux de cerises semés sur les escaliers de la maison pendant la dernière grossesse de Mme d'Entrecasteaux, dans l'intention probable de provoquer une chute mortelle. On racontait même qu'une autre fois, pendant les chaleurs de l'été, la malheureuse jeune femme avait demandé un verre de limonade. Son mari le lui avait apporté lui-même. Elle repoussa bientôt le verre, qui lui parut d'un goût et d'une amertume insupportables. M. d'Entrecasteaux avait alors mouillé lui-même ses lèvres au verre, et l'avait aussitôt répandu à terre, en avouant qu'en effet on ne saurait le boire.

Comme nous entrions à la maison, mon père nous dit qu'il était allé voir M. d'Entrecasteaux. Il avait été reçu en qualité de parent assez proche, et lui avait témoigné toute la douleur qu'il éprouvait d'une perte si touchante, et survenue d'une manière si cruellement imprévue. M. d'Entrecasteaux avait répondu en phrases sèches, froides et réservées, mais cependant convenables. Lorsque mon père quitta son cousin, celui-ci l'accompagna jusqu'au dernier palier de l'escalier, contre l'usage qui défend pareille cérémonie à ceux qui sont censés accablés d'une grande douleur. Lorsqu'il fut arrivé à portée d'être entendu par la foule qui remplissait les abords et même le vestibule de la maison, il éleva la voix de manière à être entendu de tout ce monde.

« Mon cousin, s'écria-t-il, je donnerais la moitié de ma fortune pour découvrir le scélérat qui a assassiné Mme d'Entrecasteaux ! »

Pendant ce temps, on se perdait en conjectures.

Les poursuites de la justice, commencées au nom du procureur général, avaient été promptes et rigoureuses. Tous les serviteurs de la maison, hommes et femmes, avaient été arrêtés, mis au secret le plus absolu, et sévèrement interrogés. M. d'Entrecasteaux lui-même avait subi un long interrogatoire. Tous les meubles, toutes les armoires, les coffres du maître et des domestiques avaient été scrupuleusement fouillés, et n'avaient fourni, dans ces premiers instants, aucune espèce d'indices.

Les choses restèrent en l'état pendant plus de vingt-quatre heures. Alors commencèrent à circuler quelques propos que nul n'osait préciser : un assassinat non suivi de vol, qu'aucune raison n'indiquait venir de l'extérieur, des domestiques fidèles et dont les réponses n'exprimaient que leur profonde douleur... La femme de chambre était entrée la première pour éveiller sa maîtresse de meilleure heure que d'habitude, à cause de l'ascension du ballon. Elle avait poussé un cri qui avait à l'instant même rassemblé toute la maison, et M. d'Entrecasteaux lui-même. On avait vu la mare de sang qui avait ruisselé du corps de la pauvre victime. Rien n'était dérangé. Aucun désordre ne se révélait dans la chambre. Toutes ces circonstances réunies, et ce qu'on savait du peu de goût du mari pour sa femme, et sa passion bien connue pour une autre, donnèrent cours à d'odieux soupçons. La justice poursuivit plus directement ses recherches. Une demoiselle qui logeait dans une maison voisine, séparée seulement par la largeur d'une rue, s'étant levée ce jour-là de très grand matin, comme tout le monde, avait aperçu de sa croisée une grande flamme allumée dans la chambre du président, comme si l'on y brûlait quantité de papiers. Or, c'était le plein de l'été.

Les gens du parquet recommencèrent leurs recherches, encore plus minutieusement, dans tout ce qui appartenait à M. d'Entrecasteaux. On remarqua dans son nécessaire la place d'un rasoir qui ne s'y trouvait plus. Interrogé sur ce point, il répondit que ce rasoir était perdu depuis fort longtemps. Le valet de chambre, qui était toujours séquestré, interrogé à son tour, déclara qu'il n'avait aucune connaissance qu'il y eût un rasoir de moins dans le nécessaire de son maître. Il donna en outre le nombre des chemises de celui-ci avec assez d'exactitude pour qu'on pût reconnaître qu'il en manquait une. La flamme que la demoiselle avait vue s'expliquait ainsi. Le président avait voulu sans doute la faire disparaître en la brûlant.

Il n'en fallait pas tant pour que les premiers murmures accusateurs de M. d'Entrecasteaux prissent de la consistance. Le procureur général, en présence de ces faits, pesait les motifs qui devaient justifier l'arrestation d'un président au Parlement et il allait la décider, lorsqu'une tante du coupable désigné par la voix publique, qui s'appelait Mlle Blondel, et qui habitait Marseille, arriva précipitamment à Aix, et fit appeler son neveu dans une maison tierce. Elle lui dit qu'il ne pouvait pas ignorer les bruits qui circulaient à son sujet; qu'il ne pouvait davantage y demeurer indifférent; que s'il était innocent, il devait à l'instant même se constituer prisonnier; que s'il était coupable, il trouverait à la porte de la ville la chaise de poste qui l'avait amenée à Aix, prête à le conduire au relai le plus voisin sur la route de Nice. Elle posa devant lui cent louis en or, pour qu'il pût partir sans prendre même le temps de retourner chez lui. Le misérable demanda quelques moments pour se décider. C'était l'aveu de son crime. Au bout de cinq minutes, il se rendit à la porte d'Orbitello, se jeta dans la chaise de poste, et hâta sa fuite par tous les moyens possibles.

Ce départ était ignoré de tout le monde, et il n'y avait pas plus d'une heure qu'il s'était accompli, lorsque M. de Castillon, le procureur général, décida l'arrestation du président. La nouvelle qu'il échappait par sa fuite à l'action de la justice fut très pénible pour ce magistrat et pour tout le Parlement. Le public pouvait supposer qu'ils n'avaient pas épuisé contre un de leurs membres toute la rigueur des lois, comme ils l'auraient fait contre tout autre. Aussi les ordres les plus sévères furent-ils donnés à la maréchaussée pour qu'elle poursuivît avec toute la vigueur possible et sur toutes les routes le coupable qui fuyait pour échapper à la juste punition de son crime. Ceux qui le poursuivaient sur la grande route de Nice étaient si près de lui qu'ils le manquèrent à peine d'un quart d'heure au pont du Var, qui sert de limite entre la Provence et le comté de Nice.

Accablés de cette nouvelle, le père et la mère de M. d'Entrecasteaux quittèrent Paris et vinrent se retirer dans une maison de campagne voisine d'Aix.

Ils y cachèrent de leur mieux la honte que rejetait sur eux le crime odieux commis par leur fils. Leurs longs et fréquents séjours à Paris, l'étalage vaniteux de leur fortune leur avait aliéné les cœurs de leurs parents et compatriotes qu'ils avaient eu l'air de mépriser. Parmi ceux qui leur étaient alliés par le sang, mon père fut seul à leur porter les témoignages et les secours de l'amitié. Il se trouva ainsi chargé des correspondances qu'exigeait la situation, afin que ce misérable, qui fut condamné par contumace au dernier supplice, ne fût point exécuté en sa personne, au lieu de l'être seulement en effigie.

Il s'était rendu tout d'une traite à Naples. M. de Vergennes, ministre des Affaires étrangères, avait demandé au roi de Naples, à la sollicitation du procureur général du Parlement, l'extradition du coupable, ce qu'on appelait alors un *pareatis*. L'ordre en était accordé et allait être ramené à exécution, lorsqu'un courrier extraordinaire, envoyé par mon père, avertit le fugitif, qui s'embarqua aussitôt sur le premier vaisseau prêt à mettre à la voile. Il fut ainsi transporté en Portugal, à Lisbonne. Là encore il fut poursuivi par la justice de son pays, et il allait être livré, lorsqu'il chercha un asile dans l'une des franchises ecclésiastiques du pays. Il fut reçu dans un couvent de Capucins, où il mourut au bout de quelques mois. On ne put démêler si ce décès était le résultat du chagrin ou du remords.

Les provinces de France étaient alors séparées par de telles barrières, les communications entre elles étaient si rares, la publicité des nouvelles si restreinte,

qu'un pareil crime, dont le bruit se répandrait aujour-
d'hui par toute la France, et jusqu'aux points les
plus éloignés de l'Europe, ne fut alors connu qu'en
Provence, dans les pays circonvoisins, et à Paris,
dans le groupe de ceux qui étaient par état chargés de
recevoir le rapport des faits de ce genre. L'éclat ne
s'en étendit pas au delà de ce cercle étroit.

IV

A l'encontre de cet événement, fait pour humilier notre patrie et notre famille, il en survint un
autre qui jetait sur elles un nouvel éclat. Ce fut l'arrivée du bailli de Suffren, qui revenait couvert de la
gloire qu'il avait acquise dans ses belles campagnes de
l'Inde.

Je fus un jour réveillé à sept heures du matin par
un bruit inaccoutumé dans notre tranquille et
sérieuse maison. « Levez-vous, vint-on me dire,
« votre oncle le bailli de Suffren vient d'arriver. » —
En effet, l'amiral qui par son audace avait paralysé
dans l'Inde les forces supérieures de l'Angleterre, et
dont les victoires avaient pesé d'un tel poids dans
la balance de la paix, venait de débarquer à Toulon.
Pressé de se rendre à Paris, il s'était jeté dans une
mauvaise chaise de poste, et s'était fait conduire par
une route de traverse, soit qu'il voulût abréger le
chemin et éviter de passer par Marseille, soit pour
dépister les voleurs que pouvaient tenter les richesses
dont on le disait nanti à son retour de l'Inde. Notre
province frontière était en effet alors infestée de
malfaiteurs. C'était à peu près le temps du fameux
chef de bande Gaspard del Bene. Le cabriolet du
bailli se brisa un peu avant d'arriver, si bien que le
grand vainqueur fît son entrée à Aix, sa ville natale,

à pied, tout essoufflé, en nage, et fort dérangé dans sa toilette. Son énorme corpulence se prêtait mal à de pareils accidents.

Son frère, le marquis de Saint-Tropez, était absent. Il arriva donc tout droit chez mon père, qui était son propre neveu, et que la conformité de leurs âges avait fait son camarade de jeunesse. A cette nouvelle la ville tout entière s'émut. La foule remplissait le Cours sur lequel notre maison était située. Les portes furent ouvertes à deux battants à tous ceux à qui leur situation donnait le droit d'entrer. Les autres n'en eurent même pas l'idée. Le respect public servait de gardes.

Tous les ordres de citoyens s'empressèrent pour offrir leurs hommages à cet enfant de la Provence dont la gloire jetait un nouvel éclat sur sa patrie. Le Parlement, la Chambre des comptes se présentèrent en corps, ainsi que le clergé, les officiers de la garnison, les administrateurs de la province en la personne des consuls et procureurs du pays de Provence, enfin le corps de ville, qui avait conservé l'importance, l'autorité et la considération des anciens municipes romains. Ces derniers apportèrent les présents de la ville, réglés de temps immémorial, peut-être même du temps du roi René. Dans de grandes corbeilles étaient rangés des gâteaux du pays, des fruits secs et glacés, et une quantité de livres de bougies. Ces corbeilles étaient portées par quatre hommes. On en doubla le nombre pour la circonstance. Un an après, j'avais encore de bonnes raisons pour m'en souvenir.

Simple au milieu de tant d'hommages, le bailli de Suffren les recevait avec grâce et cordialité, sans embarras comme sans fausse modestie. Il me prit dans ses bras, et se fit une contenance à caresser le petit-fils d'une sœur chérie. Il y avait d'ailleurs mieux que cela dans son affection. Il finit par s'approcher de ma mère.

« Voulez-vous me le donner, lui dit-il; je me chargerais de lui avec bonheur. »

J'étais trop jeune, et toute l'admiration qu'il inspirait ne suffisait pas à donner à une mère aussi tendre que la mienne la confiance nécessaire pour un pareil sacrifice.

« Plus tard, répondit-elle un peu inquiète, lorsqu'il se sera rendu digne de vos bontés. »

Elle ne perdit pas d'ailleurs cette occasion d'attacher une leçon aux vives impressions que cette scène ne pouvait manquer de laisser dans mon imagination. Elle me fit remarquer que cette gloire, ces honneurs, ces hommages universels étaient le prix des grandes vertus. Mais elle se garda de préciser quelles étaient ces vertus.

Peu à peu, la foule s'écoula, et le vainqueur de Rodney acheva de passer la journée avec nous comme il le faisait avant d'être environné de tant de prestige. J'avais à peine trois ans lorsqu'il était parti pour ses lointaines expéditions. Je l'avais reconnu dès que je l'aperçus à son retour, soit à sa corpulence remarquable, soit à ses habits d'un rouge écarlate. Mais surtout j'avais été frappé par ce qui m'avait été dit au moment de son départ : « Regarde bien ton oncle, il va faire cent lieues, et puis mille et mille lieues ! » Il n'en fallait pas davantage pour le graver dans ma jeune mémoire. — Il nous montra quelques curiosités précieuses, qu'il rapportait avec lui. Ce qu'il y avait de moins brillant était une cassette pleine de diamants, présent d'Haïder Ali, cet illustre chef des Mahrattes, père de Tippoo Sahib, le dernier défenseur de l'indépendance dans l'Inde. Ces pierres, grandes et petites, et diversement taillées, paraissaient grises, ternes, et sans éclat. Il y en avait bien un pied cube. On les prenait dans la main comme on eût fait du gros sable.

Il se remit en route à la fin du jour, et au moment de son départ, il laissa vingt-cinq louis qui furent changés en monnaie de douze et vingt-quatre sols, et jetés à pleines mains du haut d'un balcon au petit peuple qui n'avait cessé d'entourer notre hôtel. Le bailli de Suffren se rendit à Versailles, où l'attendait le plus beau triomphe que puisse accorder un État monarchique, toutes les grâces du roi, et toute la faveur du peuple. Pour lui tenir lieu de la dignité de maréchal de France, qu'on ne donnait pas aux officiers généraux de la Marine, il fut nommé vice-roi des Indes et commandant en chef des forces navales du Roi dans ces contrées. Il reçut aussi le cordon bleu, quoique cet ordre eût été jusque-là incompatible avec la grande croix de l'ordre de Malte. Enfin, le grand-maître de ce dernier ordre voulut aussi l'honorer en ajoutant aux titres du bailli de Suffren celui d'ambassadeur de Malte auprès du roi de France.

Il vécut jusqu'à la fin de 1788 (1), environné de la considération publique qui s'attache aux services rendus à la Patrie. Le héros de l'Inde a eu cet avantage que toutes les gloires militaires de son temps ayant été égalées et même surpassées dans les guerres continentales, la sienne, obtenue par des victoires navales, reste encore tout entière. C'est même par malheur la dernière que nous puissions réclamer depuis soixante ans.

(1) Il mourut le 8 décembre. Sa mort fut longtemps attribuée à une blessure qu'il aurait reçue en duel. Mais cette légende a été démentie par Jal (*Dictionnaire de la Marine*), qui tenait de M. de Vitrolles lui-même le récit de la mort de son oncle. Ce qui semble établi, c'est qu'il succomba aux conséquences d'une saignée maladroitement pratiquée, d'où vint sans doute le bruit d'une blessure.

V

Je reçus jusqu'à l'âge de dix ans cette éducation intérieure où les idées morales l'emportaient de beaucoup sur les connaissances positives. On songea alors à m'envoyer dans un collège. On croyait avec raison que l'éducation particulière peut instruire, mais qu'elle ne forme pas. Elle donne peut-être des connaissances plus variées, mieux adaptées à l'esprit de chacun et à la carrière qui lui est destinée. Mais le caractère ne saurait s'y développer de la même manière. Le libre arbitre ne s'y exerce point; on n'a rien à décider pour soi-même. La volonté tend à s'atrophier. On est soumis à une autorité particulière dont les commandements peuvent paraître quelquefois capricieux et fantasques. Dans l'éducation publique, au contraire, on obéit à une loi commune constante. Elle règle l'ensemble de la vie en laissant à chacun son activité propre et indépendante. Par le contact avec de nombreux camarades on entre, pour ainsi dire, dans la vie du monde, et l'on arrive à saisir la nature des rapports qu'elle nous impose avec des supérieurs, des égaux, et des inférieurs, des amis et des ennemis. On devine les caractères par l'instinct avant de les comprendre par l'observation. On est forcé de modifier son amour-propre, et l'on apprend l'art difficile de ménager celui des autres. A la vérité, l'instruction qui est donnée en commun arrête plutôt qu'elle ne pousse les plus intelligents, car elle doit être ménagée de telle sorte que les plus faibles puissent la suivre. On ne peut pas se contenter de comprendre, il faut savoir.

Mes parents avaient d'abord songé à m'envoyer à Paris. Mais un frère de ma mère, l'abbé de Pina, fit prendre une autre détermination. Il était grand vicaire de l'évêque du Puy, Mgr de Galard de Terraube, et avait été chargé par son évêque de rétablir, sous la direction de prêtres séculiers, le collège que les Jésuites avaient tenu dans cette ville jusqu'au moment de leur dispersion, douze ou quinze ans avant l'époque dont je parle. Mon oncle avait choisi à Paris le principal, le sous-principal, et un professeur de rhétorique. Les autres professeurs et maîtres s'étaient trouvés dans le pays même. Le principal était l'abbé Proyart (1), connu par des ouvrages biographiques fort estimés. Il avait quitté le collège de

(1) Proyart (Liévin-Bonaventure), né vers 1743, mort à Arras en 1808, pédagogue et historien. Il s'efforça de défendre la royauté contre les excès de la Révolution et dut émigrer en 1790. Il eut plus tard des démêlés avec la police impériale, à propos de son ouvrage intitulé *Histoire de Louis XVI*, et fut enfermé à Bicêtre en février 1808. Il a laissé de nombreuses œuvres, qui ont été souvent réimprimées jusque vers le milieu du XIXe siècle, entre autres l'*Écolier vertueux* (Paris, 1772, in-18), qui eut une trentaine d'éditions, et la *Vie du Dauphin, père de Louis XVI* (Paris, 1777, 2 vol. in-12), réimprimée à Limoges, en dernier lieu, en 1843.

Louis-le-Grand à l'occasion d'une malheureuse affaire. Un jeune élève qu'il avait menacé d'une punition humiliante, égaré par les sentiments de la honte, s'était suicidé dans les lieux d'aisance de la maison. L'abbé Proyart, à la suite de cet événement, était devenu plus réservé dans ses menaces; mais il conservait son caractère sévère et dur.

J'entrai au collège du Puy sous les auspices de mon oncle, et sa recommandation me valut un peu plus de sévérité de la part de l'abbé Proyart. L'abbé de Pina avait à peu près trente-huit ans. Il était bien fait de sa personne et très soigné dans sa tenue. Il recherchait les succès du monde, et ils ne lui manquaient pas. Son esprit était des plus agréables, sa conversation gracieuse, légère, et de nature à plaire aux femmes. Il savait d'ailleurs traiter avec adresse des sujets plus sérieux. Il gardait les convenances de son état autant qu'il lui était possible de le faire sans trop gêner ses goûts et ses plaisirs. Quant à ses fonctions ecclésiastiques, il s'en acquittait dans la stricte mesure du nécessaire. Il passait la moitié de l'année dans son diocèse, et partageait le reste du temps entre sa famille et Paris, dont le séjour avait pour lui le charme d'une plus grande liberté. Son pieux évêque avait pour lui du goût et de l'indulgence, et cherchait à éviter le scandale en le couvrant, pour ainsi dire, de ses ailes.

La haute direction dont mon oncle s'était chargé à mon égard fut toute de bonté et de bienveillance. Nous fûmes bientôt liés l'un à l'autre par la plus tendre affection. J'arrivai au collège peu de temps avant les vacances. Mes maîtres avaient persuadé à mes parents que je pourrais entrer en seconde. Mais je demandai modestement à composer avec la troisième. J'y réussis si mal qu'après avoir travaillé pendant toutes les vacances, je fus placé en sixième lors de la rentrée des classes. Je savais, à la vérité, plus qu'il ne fallait pour cette classe; mais je ne savais pas comme il fallait savoir. Je retrouvai peu à peu mes avantages. Je fis cinq classes en trois ans, et en récoltant chaque année plus de prix que mes condisciples. J'avais aussi quelques succès dans les exercices publics de la fin de l'année. J'en vais dire quelque chose, parce que depuis lors on en a proscrit l'usage. Il aurait mieux valu les perfectionner.

Dans les derniers mois de l'année scolaire, juillet et août, chacune des classes choisissait un jour qui était d'avance annoncé au public. Sept ou huit cents personnes s'empressaient de se rendre au jour dit dans une salle spécialement affectée à cet usage. On distribuait aux assistants un programme où étaient inscrites toutes les questions à faire sur le sujet choisi comme thème de l'exercice. Les questions portaient tantôt sur quelque point d'histoire, tantôt sur la géographie, la grammaire, les belles-lettres, etc. Huit ou dix élèves, choisis parmi les meilleurs de la classe, prenaient place sur une grande estrade. Les assistants qui voulaient interroger l'un d'entre eux l'appelaient par son nom et lui posaient quelqu'une des questions inscrites au programme. L'élève s'avançait alors sur le devant de l'estrade, et répondait à l'interlocuteur aussi longtemps qu'il plaisait à celui-ci de l'interroger. Outre ces réponses ainsi préparées, les élèves garnissaient leur mémoire de quelques fables de La Fontaine, ou d'autres moins connues; et quand on le leur demandait, ils récitaient de leur mieux une de ces fables. C'était ainsi qu'on allégeait un peu l'inévitable monotonie du programme.

J'avais été un jour très sévèrement traité par le principal en présence de tout le collège pour je ne sais plus quelle faute contre la discipline. Le soir venu, je devais paraître en public dans un de ces exercices. Un des assistants, après m'avoir interrogé assez longtemps, me demanda de réciter une fable. J'en avais une très jolie en provision, intitulée *Le Singe et le Moulin*, dont j'ai oublié l'auteur. Je la dis apparemment assez bien, et avec les petites singeries que le sujet comportait. Je fus interrompu et salué à la fin par trois salves d'applaudissements longtemps prolongées. L'abbé Proyart qui présidait la séance se leva deux fois pour imposer silence à ces témoignages de faveur. Mais le public, entraîné peut-être par mes camarades qui prenaient fait et cause pour moi, redoubla d'applaudissements et des cris de *bravo!* J'étais à la tribune, un peu rouge d'émotion, saluant le public, tandis que mon rigide maître, assis au-dessous de moi, dévorait sa déconvenue. C'est à peu près la seule époque de ma vie où j'aie obtenu quelques témoignages de la faveur populaire.

Quant à l'instruction qui nous était donnée, c'était celle de tous les collèges à cette époque. Nous apprenions le latin et le français. Le reste, sauf l'instruction religieuse, tenait si peu de place, qu'il ne vaut pas la peine d'en parler. Il est difficile de comprendre comment l'étude à peu près unique d'une langue ancienne, pendant sept ou huit années, puisse être considérée comme une excellente éducation. Mais l'expérience est là, et c'est elle qui résout la question. C'est là le système qui a toujours été suivi dans les études universitaires depuis le renouvellement des lettres. Il fut également celui des Romains dès qu'ils purent apprécier les lettres grecques. Horace ne leur conseillait-il pas de cultiver nuit et jour les modèles de la littérature grecque (1)? Nos grands écrivains se sont formés de cette manière, depuis Amyot jusqu'à Voltaire. Tous les essais qu'on a tentés dans d'autres pays où florissaient les lettres n'ont pas donné de meilleurs résultats, ni même d'aussi bons. Quand on a voulu s'appuyer à peu près exclusivement sur les sciences mathématiques, elles ont desséché le cœur, refroidi l'imagination, et rétréci la pensée, les sciences abstraites ayant une tendance à matérialiser l'esprit. D'autre part, les sciences naturelles ne laissent dans la mémoire que des classifications et des nomenclatures. Si on laisse la prépondérance aux beaux-arts, ils donnent à la vérité la vie à l'imagination, et lui tracent en même temps des règles pour s'exercer. Mais la raison reste faible. Qu'y a-t-il donc dans l'étude des langues mortes? —

(1) ... *Vos exemplaria græca*
Nocturna versate manu, versate diurna.

En vérité on ne saurait guère le dire. Cependant on peut soutenir qu'il s'y trouve un éveil continuel de l'esprit qui cherche les plus délicates acceptions des termes, ce qui conduit à la précision des idées. Ce genre de travail, par la comparaison nécessaire de deux langues, conduit à la comparaison de leurs génies. C'est là une manière de former l'entendement, bien plutôt que de l'alimenter de connaissances positives. C'est une préparation — et des meilleures — aux études spéciales, un développement des facultés intellectuelles qui seront dirigées ensuite avec plus d'aisance vers les diverses connaissances humaines. C'est ainsi qu'on peut expliquer l'utilité des langues mortes et les résultats qu'on tire de ce genre d'études.

C'était là l'avantage de l'ancienne méthode, qui se concentrait sur l'étude assez approfondie du latin, auquel s'ajoutait un peu de grec, à peu près sans autre mélange. Elle hâtait ces études de manière à ce que, commencées vers sept ou huit ans, elles fussent terminées à quatorze ou quinze. Elle livrait alors aux études spéciales des intelligences — je pourrais dire des instruments — parfaitement prêtes à leur tâche. Aujourd'hui au contraire on s'efforce de mêler ensemble les études les plus disparates. On demande à tous et à chacun les connaissances les plus variées. Les mathématiques, la chimie, la physique, etc., viennent se mélanger dans ces jeunes têtes avec les études littéraires; et ces acquisitions confuses se prolongent pêle-mêle jusque vers la vingtième année. Ce n'est pas là un perfectionnement de l'ancienne méthode d'enseigner.

Au cours de cet automne de 1788 à 1789, nous restâmes peu nombreux à Monistrol : l'évêque et deux de ses grands vicaires, mon oncle et l'abbé Desgranges. Ce dernier avait été pendant plus de vingt ans professeur de Sorbonne, et des plus distingués. Il s'y trouvait aussi deux chanoines de Montpellier, l'abbé Dagay et l'abbé Despallières. Ce dernier était un esprit distingué, développé par les plus fortes études. Presque tous les soirs s'établissait sur quelque point de la politique de ce temps, ou sur les questions morales, une discussion lumineuse, dont j'ai gardé le souvenir comme de véritables modèles dans l'art de soutenir les idées qu'on peut avoir. J'admire encore le profond savoir qui s'y révélait, uni à la forme la plus parfaite du raisonnement. Je n'ai depuis lors jamais retrouvé l'équivalent. La rigueur des méthodes était cachée sous la plus parfaite aisance. Les interlocuteurs conservaient même au milieu des plus forts dissentiments, une politesse de discours, une clarté d'esprit, un calme qui disparaissent aujourd'hui en présence de la moindre contradiction. Celui qui répondait à la thèse tout d'abord exposée commençait par résumer avec une extrême courtoisie l'opinion opposée, en laissant dans toute leur force les objections auxquelles il répondait ensuite en donnant à ses propres idées un ordre rigoureux, dans un langage net et simple. C'était dans l'enchaînement merveilleux des pensées qu'elles trouvaient toute leur force. L'abbé Despallières et l'abbé Desgranges étaient de beaucoup les premiers. L'abbé Dagay avec moins d'esprit, et mon oncle avec beaucoup plus, ne pouvaient se mesurer ni l'un ni l'autre avec ces athlètes. Quant à l'évêque du Puy, son esprit naturel était aussi ordinaire que son caractère était élevé. Aussi ne prenait-il qu'une part restreinte à ces joutes oratoires.

VI

Que la victoire est belle ! Combien elle exalte les cœurs ! La guerre est une fière maîtresse; elle nous élève à nos propres yeux et nous donne le sentiment de notre valeur. C'est avec raison que l'on a voulu compléter les attributs du souverain Maître en l'appelant le Dieu des armées. — Mais après ces premiers élans de l'âme, lorsqu'on en vient à compter avec la gloire des armes et qu'on voit à quel prix elle s'achète, on dirait que le froid de la mort vous vient glacer le cœur et vous rappeler à de plus humbles destinées.

Tels étaient les sentiments que j'éprouvais le soir du 3 décembre 1793 en quittant le champ de bataille de Berstheim où le succès avait couronné nos efforts, pour rentrer dans la misérable tente que nous occupions d'ordinaire à trois, et où je me trouvais seul. Le marquis de Bellescize, le meilleur de mes amis, était malade à l'hôpital, épuisé par les misères d'une campagne où le malheur avait fait plus de victimes que les coups des ennemis. L'autre, le brave J... qui remplissait les fonctions de quartier-maître de notre corps, s'était fait tuer le jour même en combattant au premier rang des plus valeureux.

Nos quartiers d'hiver avaient été fixés dans cette partie de la Souabe la plus reculée, la plus âpre, et la plus triste, qui est connue sous le nom de la Forêt-Noire. Le quartier général de Mgr le prince de Condé était à Willingen, et les divers corps étaient répandus dans les villages et les bourgs environnants. La petite ville d'Orb nous avait été assignée comme garnison. Le seul avantage de ce séjour était le grand bon marché des denrées. La viande de boucherie ne coûtait pas plus de deux sous la livre, et on achetait des poulets pour quatre ou cinq sous.

On avait donné au corps commandé par Mgr le prince de Condé le nom d'armée, parce qu'il semblait que ce fût le seul convenable aux troupes commandées par un prince aussi illustre. Il avait été incorporé à l'armée autrichienne comme corps auxiliaire et ne s'était jamais élevé à plus de six à sept mille hommes. Il se composait de deux bataillons d'infanterie noble, presque tous officiers, appartenant aux régiments de l'intanterie française (1). Ils étaient groupés par régiment, et avaient conservé leurs uniformes. Deux compagnies étaient formées de volontaires qui n'avaient point appartenu à l'armée. Dans cette organisation, les lieutenants et sous-lieutenants remplissaient les fonctions de simples soldats, et les plus anciens capitaines étaient sous-officiers. La

(1) Voir pour l'organisation complète de l'armée de Condé, le solide ouvrage de M. R. BITTARD DES PORTES, *Histoire de l'Armée de Condé pendant la Révolution française*, Paris, Émile-Paul, 1905, in-8°, ainsi que les *Campagnes du Corps sous les ordres de. S. A. S. Mgr le prince de Condé*, par le marquis d'ECQUEVILLY, Paris, Le Normant, 1818, 3 vol. in-8°.

cavalerie noble, composée de cinq escadrons, divisés chacun en deux compagnies, était également formée par les officiers des régiments de cavalerie. Outre ce dernier corps, on remarquait celui des Chevaliers de la Couronne, qui comptait environ quatre cents hommes à cheval, et se trouvait embrigadé avec la compagnie du régiment du Roi, celle de Dauphin-Cavalerie (1). Ensuite venait la légion de Mirabeau, formée par le frère du trop fameux comte de Mirabeau, le vicomte, qu'on appelait, à cause de sa corpulence, Mirabeau-tonneau (2). Il avait réuni un corps d'environ douze cents hommes, répartis en huit ou dix compagnies d'armes différentes, grosse cavalerie, dragons, hussards, grenadiers, chasseurs, enfants perdus, etc. C'étaient autant de cadres destinés à se recruter dès qu'on serait en France, et à former autant de régiments de chaque arme. Le vicomte de Mirabeau avait mis tout son esprit à exalter l'imagination de sa troupe, et était parvenu à se faire adorer de chacun. Un jour que le tailleur du corps lui montrait le modèle des pantalons devant un grand nombre de ses hommes, il lui reprocha sévèrement de n'avoir pas mis deux goussets de montre à ce vêtement, parce que, disait-il, avant la fin de la

(1) Commandée par le vidame de Vassé.

(2) Au sujet de cette légion et de son chef, on peut encore consulter les *Souvenirs et Fragments* du marquis L.-J.-A. DE BOUILLÉ, Paris, Picard, 1908, in-8º, t. I, pp. 67 et suiv., ainsi que les *Souvenirs et Correspondances* du comte DE NEUILLY, Paris, Douniol, 1865, in-8º, p. 77.

campagne, chacun de ses hommes aurait deux montres. » — Cette brave légion formait notre avant-garde. Elle mérita par son courage d'être mise au premier rang de nos combattants.

Nous comptions encore d'autres troupes réunies par les soins et aux dépens de différents chefs. Les deux princes de Rohan-Guéménée, celui qui portait le nom de duc de Montbazon, et son frère le prince Louis de Rohan (1) avaient amené quatre ou cinq cents hommes armés et montés aux frais de leur oncle, le cardinal de Rohan, évêque de Strasbourg, si malheureusement connu par l'affaire du Collier. Un autre escadron, formé dans le comté de Nice par un gentilhomme provençal, le comte de Colbert, était venu se réunir aux hussards de Rohan. Enfin un des princes de Hohenlohe avait placé sous les ordres de Mgr le prince de Condé un petit corps de chasseurs, partie à pied, et partie à cheval. C'est ce même prince de Holenhohe-Bartenstein, si zélé pour la cause royale, qui entra au service de la France au moment de la Restauration, et fut élevé à la dignité de maréchal de France (2).

(1) Le prince Louis de Rohan finit par entrer dans l'armée autrichienne avec le grade de général-major. Il devait, quelques années plus tard, contracter avec la princesse Wilhelmine, l'aînée des filles de la duchesse de Courlande, héritière de Sagan, une union qui fut assez promptement rompue par un divorce.

(2) Il avait même été honoré de la grande naturalisation et fut appelé à la Chambre des pairs le 5 novembre 1827. Il avait été marié deux fois, et mourut en 1829, laissant un fils,

Il y avait dans ces différents corps une émulation
de valeur qui se développait avec le danger, et malgré
les inégalités dans leur composition, la discipline y
était à peu près aussi exacte qu'elle l'est en temps
de guerre dans les troupes ordinaires.

Le corps des Chevaliers de la Couronne, où je ser-
vais, avait été formé en Savoie par les soins de M. le
comte de Bussy. Il avait recueilli environ quatre
cents jeunes gens, principalement des provinces de
Dauphiné, de Provence, d'Auvergne, du Velay, de
Lyon et des pays d'alentour. Il avait obtenu l'autorisation du roi de Sardaigne de former ce corps au
Bourget, dans les environs de Chambéry. M. de
Bussy avait fait quelque dépense pour les frais généraux, mais chacun de nous avait acheté ses chevaux,
ses équipements, et nous ne recevions, au début,
aucune solde. Dans la pensée de M. de Bussy, nous
étions destinés à fournir un corps à la maison du Roi.
Les simples chevaliers avaient le rang de sous-lieutenant, ce qui donnait aux officiers du corps des grades
supérieurs. Par une faveur insigne, je fus nommé
porte-guidon, et je comptai au nombre des officiers (1).

qui ne prit point séance à la Chambre des pairs et décéda
en 1844. Ce dernier avait épousé une princesse de Hesse
Rothembourg qui lui survécut jusqu'en 1869. — Cette
famille n'est plus française.

(1) Le comte de Bussy devait quitter l'armée de Condé
à la fin de 1795, à la suite de différends avec le quartier général. Il fut suivi par son frère. Les Chevaliers de la Couronne
gardèrent leur organisation et passèrent sous les ordres du
duc de Richelieu (V. BITTARD DES PORTES, *op. cit.*, p. 213). —

— Ce fut ainsi que j'entrai au service, au commencement de 1791, à l'âge de quinze ans.

L'uniforme des Chevaliers de la Couronne se composait d'un casque de dragon à queue noire, habit bleu foncé à une seule rangée de boutons d'argent; collet, parements, doublure écarlate, poche en long garnie d'un double rang de boutons; les basques de l'habit retroussées par des fleurs de lys d'argent, pattes d'épaulettes fleurdelysées également en argent; culotte de peau blanche, bottes à l'écuyère. Comme armement, ils portaient la giberne, le fusil et le sabre de dragon, avec une schabraque en mouton noir (V. la *Collection des uniformes des armées françaises de 1791 à 1814, dessinés par Horace Vernet et Eug. Lami, Paris*, Gide fils, 1822, 1 vol. gr. in-8° au chap. *Armée de Condé*, p. 7). Le dessin de cet uniforme particulier ne figure pas dans la collection. On le trouve aquarellé dans les *Costumes militaires français,* de Valmont, à la Bibl. Nat. Tome IV, pl. 130 et 131.

VII

Après quelques mois d'instruction, j'avais été
obligé de suspendre mon service à cause de la cruelle
maladie de mon père, qui nous fut enlevé par la
petite vérole, à Chambéry. Ce malheur, et les nécessités de nos affaires de famille exigèrent ma présence
en France. Muni des instructions de mon excellente
mère, je me rendis d'abord à Lyon, où je trouvai la
protection de plusieurs de mes parents qui s'y
étaient réfugiés, parce que la tranquillité y était
plus assurée que dans nos villes du Midi. Les affaires
que j'avais à terminer me donnaient bien des motifs
de venir à Paris. Mais j'eus la raison de ne pas céder
à cette curiosité, et je me rendis à Aix, dans la maison paternelle.

A cette époque, les moyens de voyager étaient
lents. Des voituriers faisaient le trajet d'Aix à Lyon,
et s'en retournaient quand ils avaient trouvé le
nombre de voyageurs nécessaires pour remplir
leur voiture. Parmi les compagnons que le sort
m'avait donnés, je rencontrai M. de Colonna de
Césarée, député de la Corse à l'Assemblée Nationale,
et qui rentrait dans son pays. Quoiqu'il ne fût pas
trop engoué de la Révolution, il l'était cependant
plus que moi; de telle sorte que nos cinq journées de
voyage se passèrent en discussions, pour ne pas dire

en disputes. Il fit cependant preuve à mon égard d'une grande bienveillance, et même d'une touchante bonté. Je n'avais pas été avec lui dans une intimité aussi prolongée, sans lui laisser pénétrer que j'appartenais à un corps d'émigrés; et il faisait tout au monde pour me dissuader du parti que j'avais pris. Un jour, il écrivait sur la muraille du cabaret je ne sais plus quel vers de *Coriolan,* blâmant ceux qui portent leurs armes contre leur pays. J'écrivis au-dessous :

Rome n'est plus dans Rome; elle est toute où nous sommes.

En arrivant à Aix, il accepta un logement chez moi, et y passa deux ou trois jours pour me persuader d'aller avec lui en Corse. Il était nommé commandant des gardes nationales, et m'offrait toutes les garanties possibles pour y passer tranquillement ce temps d'orage. Je fus profondément touché de ces témoignages d'affection. Mais il ne lui était pas possible de changer une détermination fondée sur les sentiments qui m'animaient.

Pendant les deux mois que je passai à Aix, retenu par mes affaires, je fus le témoin d'une de ces scènes révolutionnaires qui se répétaient alors sur toute la surface de la France. Un régiment suisse, qui portait le nom de son colonel, M. d'Ernest, formait en ce moment la garnison de la ville. Les amis de ma famille avaient imaginé qu'il serait utile pour faire respecter notre maison, une des plus apparentes sur le Cours, d'y recevoir le commandant de ce régiment.

En l'absence du colonel, c'était son second, M. Olivier. Deux sentinelles à sa porte semblaient offrir la garantie qu'on avait recherchée. Mais tout à coup, la plus mauvaise partie de la population de Marseille s'agita; des bruits sinistres coururent au sujet du régiment étranger caserné à Aix. « Ils sont là, disait-on, pour faire une contre-révolution. Ils menacent les patriotes et sont prêts à fondre sur notre ville pour tout mettre à feu et à sang ! » — Ce langage des meneurs eut bientôt pénétré dans la masse inquiète et prête à tous les excès. Personne toutefois ne supposait que de pareils propos dussent faire naître à bref délai quelque violente collision.

A peine cependant eut-on annoncé les sinistres projets des bandes marseillaises qu'on vit tout à coup le Cours, qui est la principale place de la ville, envahi par une foule armée, vêtue des costumes les plus bizarres, mais rangée en assez bon ordre, et par compagnies. A son approche, le régiment d'Ernest était venu se mettre en bataille à l'une des extrémités du Cours. A ce moment, M. Olivier, qui se rendait à son régiment, monta chez moi et me demanda la permission de déposer dans mon appartement quelques armes assez belles, pour éviter qu'elles fussent la proie de ces brigands qui pourraient bien venir visiter son domicile. Il me priait en même temps de protéger autant que je le pourrais une dame qui habitait avec lui. Il sortit, emmenant les sentinelles qui n'auraient pas manqué d'être insultées et probablement maltraitées par les assaillants.

La position devenait perplexe. La lutte semblait

prête à s'engager entre ces deux troupes qui étaient
à peine séparées par une distance de cinquante pas.
Les braves Suisses ne demandaient que la permission
de se jeter sur ces misérables, et ils frémissaient d'être
retenus par les ordres du général qui commandait le
département. C'était le comte Hilarion de Barbentane, qui, par ses liaisons avec le duc d'Orléans,
s'était jeté au service de la Révolution. Dans ce
moment critique, il y eut une espèce de négociation
entre M. Olivier et les chefs de l'insurrection marseillaise pour obtenir qu'un détachement de grenadiers
vînt prendre les drapeaux du régiment qui étaient
restés chez moi. Le capitaine qui commandait ce
détachement vint à moi en toute hâte et me dit en
grand secret que M. Olivier me demandait instamment
de prendre tous les soins nécessaires pour conserver
un dépôt de la plus grande importance. C'était la
caisse du régiment qui renfermait quatre à cinq cents
mille francs. Une somme aussi considérable s'expliquait parce qu'on plaçait dans cette caisse non seulement les fonds nécessaires pour la paye et les
masses, mais aussi le prix des compagnies qui, dans
ces régiments, étaient achetées par les capitaines.
C'était donc une grande partie de la fortune de ces
officiers qui se trouvait en danger d'être perdue si
la caisse était découverte par les insurgés.

Je descendis dans l'appartement du lieutenant-
colonel et on me montra la pesante machine placée
dans un cabinet près de la chambre à coucher. Elle
y était en pleine évidence. Le chef du détachement
convint que dans cette position il n'y avait rien à

faire pour la mettre à l'abri. Je proposai de la transporter dans la ruelle. C'était l'espace qu'on ménageait en ce temps-là entre le lit et la muraille de la chambre. Cet avis parut bon; mais quand on voulut l'exécuter, la caisse se trouva si lourde, que quatre ou cinq grenadiers purent à peine non pas la porter, mais la faire glisser jusqu'à l'emplacement que j'avais désigné. Arrivé là, on la cacha comme on put avec les rideaux et les couvertures du lit jetés au hasard.

Vers le soir, le régiment, trahi par son général, se retira dans ses casernes, situées hors des murs. Alors les Marseillais, maîtres de la ville, se mirent à fouiller les maisons, et en particulier celles où les officiers étaient logés. La mienne fut visitée plusieurs fois de la cave au grenier, dans la crainte, disaient ils, qu'il y eût des Suisses embusqués qui viendraient leur tomber dessus à l'improviste. Il y eut des maisons où le mobilier fut assez maltraité. Je dus au nom de mon père, qui était assez populaire et jouissait d'une véritable réputation de justice et de bonté, la modération relative qu'ils apportèrent dans leurs perquisitions chez moi. Cependant ils enlevèrent les armes qui m'avaient été confiées et fouillèrent toutes les parties de la maison avec le plus grand soin. Ils passèrent plus de dix fois dans la chambre et auprès du lit où la caisse était cachée sans l'apercevoir.

Le lendemain fut témoin d'une scène déplorable. Le comte de Barbentane, trahissant ses devoirs et son honneur, s'entendit avec les chefs de l'insurrection marseillaise. Ceux-ci s'étaient postés pendant

la nuit sur des hauteurs qui dominaient la caserne, et
y avaient placé quelques mauvaises pièces d'artillerie
qu'ils traînaient avec eux. Si bien qu'à la pointe du
jour, ce malheureux régiment se trouva cerné de
toutes parts, et privé, par la trahison de son général, des moyens de se faire jour, même au prix du
plus sanglant des sacrifices, à travers le cercle de
feu qui les environnait. Ils furent ainsi forcés par
cette diabolique machination, de rendre leurs armes
sans avoir pu s'en servir, et de prendre la route de
Brignoles qui leur était désignée par les ordres du
général. Le désespoir était peint sur le visage de
ces braves soldats et le cœur de leurs officiers battait de rage. Les Marseillais partirent, emportant les
dépouilles qu'ils avaient eues à si bon marché : les
fusils des soldats et les sabres des officiers, garnis de
riches poignées d'argent. Heureusement, la caisse
leur avait échappé.

Je ne savais où en étaient les choses, lorsque huit
ou dix jours après la terrible journée, rentrant chez
moi sur la brune, un homme s'approcha de moi. Il
s'annonça comme capitaine du régiment d'Ernest,
et me demanda avec anxiété ce qu'était devenue la
caisse du régiment. Après qu'il m'eut justifié sa mission par une lettre de M. Olivier, je lui annonçai par
quelle chance inouïe leur trésor se trouvait intact
à la place où il avait été déposé. La joie de ce brave
homme, qui se traduisait par de grosses larmes rou-
lant dans ses yeux, me fut une touchante récompense de la part que j'avais à cette satisfaction. Il
fut convenu qu'il se rendrait chez moi la nuit avec

quatre hommes de son régiment, déguisés, qu'il avait amenés avec lui. En effet, vers une heure du matin, ils parvinrent à descendre le précieux dépôt, le char- gèrent sur une charrette à bras, puis sur un chariot couvert, et le conduisirent ainsi sain et sauf jusqu'à Brignoles.

Deux ans après, je reçus un témoignage de recon- naissance qui me fut fort sensible à l'occasion du service que j'avais rendu à ces braves Suisses. M. Oli- vier avait fait connaître cette circonstance au Gou- vernement bernois, en demandant qu'il me fût fait une pension que malgré ma situation d'émigré je n'aurais point acceptée. Mais quelque temps après, au moment où la Suisse, effrayée de l'invasion fran- çaise qui la menaçait, voulut conjurer l'orage en renvoyant tous les émigrés, l'ancien commandant du régiment d'Ernest s'entremit gracieusement et obtint une exception pour toute ma famille qui put ainsi continuer son séjour à Lausanne, où elle était établie depuis plusieurs années.

VIII

Pendant ce temps, le corps des Chevaliers de la Couronne avait quitté la Savoie pour se réunir à l'armée de Condé dans les environs de Mannheim. Je hâtai mon départ pour le rejoindre. Ce fut à peine si je m'arrêtai quelques jours à Chambéry auprès de ma mère, et je me rendis en hâte à Lambersheim, où je retrouvai mon guidon, mes camarades et mon colonel.

La campagne s'ouvrit bientôt après. Nous attendions avec la plus parfaite et la plus aveugle confiance la nouvelle des succès des armées qui entraient en Champagne, et nous attendions d'un jour à l'autre l'ordre de pénétrer en France. Nous gémissions de n'être pas les premiers à qui la frontière fût ouverte, et nous demandions avec impatience ce que l'on voulait faire de nous et des vingt ou vingt-cinq mille Autrichiens qui étaient avec nous. Nos plaintes s'exhalaient avec amertume, et nous disions qu'apparemment on nous enverrait des voitures pour nous ramener en poste à Paris. — Quel ne fut pas notre étonnement lorsque des nouvelles vagues d'abord, puis confirmées par quelques officiers licenciés de l'armée des princes (1) vinrent nous apprendre qu'au

(1) Le corps d'émigrés connu sous le nom d'*Armée des princes*, s'était dispersé à Liége à la fin de novembre 1792.

lieu des succès attendus par nous, au lieu de cette marche militaire qui devait conduire sans arrêt les alliés jusqu'à Paris, leurs armées, leurs souverains, leur général en chef, le duc de Brunswick, après avoir pénétré jusqu'à Verdun, s'étaient retirés sans combat (1), et s'étaient finalement dispersés sans avoir subi de défaite! Malgré un revers aussi grand, aussi inattendu, nous ne pouvions nous faire l'idée que la France offrît une résistance sérieuse. Nous pensions que c'était seulement partie remise, et que les armées reprendraient bientôt les hostilités en rentrant en France par plusieurs points de la frontière.

En attendant, notre campagne à nous fut insignifiante. Nous avions un moment bloqué la ville de Landau. Mgr le prince de Condé y avait noué des intelligences. Des négociations avaient été ouvertes avec le maire de la ville et avec M. de Martignac, le commandant de la place, par l'intermédiaire de Mme de Wimpfen. Les autorités promettaient d'arborer le drapeau blanc et de se rendre à Mgr le prince de Condé sous la condition que les troupes autrichiennes se tiendraient éloignées de la place. Le prince fit connaître ces dispositions au général autrichien sous les ordres duquel il se trouvait en lui demandant l'autorisation de se porter seulement

(1). On a beaucoup discuté sur la lutte qui est connue sous le nom de bataille de Valmy (20 septembre 1792). Il semble bien qu'on a réuni sous ce nom une série d'engagements successifs, qui, sans grande importance par eux-mêmes, n'eurent pas moins pour résultat de déterminer Brunswick à la retraite.

avec sa cavalerie en vue de la place prête à lui ouvrir ses portes.

Après plusieurs difficultés soulevées par le prince de Hohenlohe, et auxquelles il était vraiment trop facile de répondre, il finit par déclarer qu'il était contraire aux intentions de son souverain que les princes et le corps français qu'ils commandaient fussent employés à occuper une place quelconque de l'Alsace. Bientôt le général Custine qui commandait à Strasbourg eut quelque soupçon de ce qui se passait à Landau. Il y envoya de nouvelles troupes (1). Le commandant, le maire, et tous ceux qui s'étaient compromis dans le projet de rendre la place, eurent à peine le temps de s'échapper de la ville et de venir rejoindre l'armée du prince..

Après cet échec, nous passâmes l'automne à nous promener le long de la rive droite du Rhin, ne voyant l'ennemi qu'à travers le fleuve. Nous nous rencontrions avec les divers corps autrichiens qui se distinguaient par des différences de costumes et de race. Nos sympathies étaient pour les Hongrois, leur beau régiment d'infanterie, et leur cavalerie qui nous a servi de modèle pour former nos régiments de hussards. Ensuite venaient les Croates, en manteau et en calotte rouge, et les troupes des frontières, que nous appelions les *Michaëlowitz* et qui étaient habillées de brun, de manière à se confondre avec les troncs des arbres.

(1) V. au sujet des tentatives du prince de Condé sur la ville de Landau, les *Souvenirs et Fragments* du marquis L.-J.-A. DE BOUILLÉ, t. I, p. 58.

Nous prîmes alors, ainsi que je l'ai déjà dit, nos cantonnements dans la Forêt-Noire, à Orb, non loin du quartier général de Willingen. Quoique notre attention fût constamment fixée sur les événements qui déchiraient notre patrie, et auxquels notre sort était attaché, trois ou quatre cents jeunes gens réunis ne pouvaient rester sans activité, faute de pouvoir s'occuper. Ce fut nous qui donnâmes le signal des distractions que nous nous croyions permises, et qui nous conduisirent à étudier quelques pièces de théâtre, vaudevilles et autres. Lorsque nous n'en avions pas les textes, nous les écrivions de mémoire. Nous trouvions ainsi à employer ce que notre corps renfermait de talents de toute espèce. L'orchestre, dirigé par un de nos camarades, musicien distingué, était nombreux et complet dans toutes ses parties. Le théâtre était dressé dans la grande salle de l'hôtel de ville, à la grande satisfaction des habitants. Tout ce que nous avions de peintres et de dessinateurs furent mis à réquisition pour peindre le rideau d'avant-scène et de fort jolies décorations. Les actrices nous manquaient essentiellement, mais nous avions choisi parmi les plus jeunes de nos escadrons, ceux dont le menton ne décelait pas encore le sexe, et qui, convenablement habillés, prêtaient assez bien à l'illusion. Notre première représentation eut lieu à la fin de décembre.

Les nouvelles de France nous arrivaient assez inexactement par un journal français imprimé à Bâle. Les événements du 20 juin et du 10 août nous avaient fait frémir d'indignation et de rage; mais nous n'aurions jamais pu concevoir le sort dont le Roi était menacé dans sa prison. Lorsque le journal nous arrivait de loin en loin, l'un d'entre nous, monté sur une table, en faisait la lecture à quarante ou cinquante personnes qui se trouvaient autour de lui. Nos cœurs se soulevaient à ces épouvantables débats. Nous maudissions les chefs qui nous avaient conduits et nous retenaient si loin de ces lieux où nous aurions pu rendre notre mort utile à la cause sacrée que nous aurions voulu défendre. Mais il ne venait à la pensée d'aucun de nous que les juges de Louis XVI, transformés en bourreaux, pouvaient pousser l'atrocité au delà de l'emprisonnement de sa personne jusqu'à la paix générale. Et, ce qui n'étonnera pas ceux qui connaissent les caractères de vingt ans, nous faisions un singulier mélange de ces récits qui nous pénétraient des plus violentes émotions, et de nos répétitions comiques. Elles furent à peine interrompues par les dernières nouvelles qui nous parvinrent des séances de la Convention des 15 et 16 janvier **1793**.

Quelques jours après, le comte de Bussy se rendait au quartier général de Willingen. Il prenait volontiers avec lui l'un des deux porte-guidons du corps pour l'accompagner en manière d'aide de camp. C'était le 27 janvier. Nous avions quitté nos chevaux et nous passions à travers les rues pour nous rendre à la résidence du prince, lorsque nous rencontrâmes plusieurs de nos camarades. Ils passaient à côté de nous sans même nous regarder, la tête baissée, les yeux fixés à terre. Aucun ne semblait nous reconnaître. Notre étonnement était profond, et nous ne parvenions pas à nous expliquer un semblable accueil. Nous finîmes par arrêter le premier qui vint à nous croiser.

« Vous ignorez donc la nouvelle? nous dit-il. Le roi a été condamné et sa tête sacrée a roulé sur l'échafaud. »

Nous n'allâmes pas plus loin. Rentrés, mon colonel et moi, dans la petite chambre de notre auberge, nous restâmes plongés dans le silence et l'abattement. Il nous semblait que la France entière venait d'être engloutie dans un de ces grands cataclysmes qui déchirent et submergent les continents.

Le lendemain matin, toutes les troupes du quartier général avaient pris les armes. Les caisses des tambours étaient recouvertes d'un triple drap noir. Les drapeaux, les étendards recouverts de crêpes étaient renversés et traînaient à terre. L'église contenait à peine cette foule désolée. Après le service solennel célébré en l'honneur du martyr royal, Mgr le prince de Condé se leva, et d'une voix profonde il prononça quelques phrases qui retentissaient dans les cœurs comme un écho des sentiments dont ils étaient animés.

« Vous connaissez, dit-il en finissant, les lois de notre antique monarchie. Le trône légitime n'est jamais vacant. Le roi est mort, messieurs, le roi est mort ! Vive le roi, dix-septième du nom ! »

L'impression qui pesait sur nous était telle que le cri de « Vive le Roi ! » fut à peine répété, lentement et à demi-voix.

Nous partîmes aussitôt, M. de Bussy et moi, pour

retourner à Orb où les compagnies d'infanterie les
plus voisines étaient venues se réunir à nous, et le
lendemain la même cérémonie y fut célébrée avec les
mêmes et profondes impressions. — Là prirent fin
les plaisirs que nous nous étions préparés. Nous appelions de tous nos vœux l'époque des combats.

Le roi de Prusse s'était retiré à Berlin où il attendait l'issue d'une guerre à laquelle il prenait si peu
de part. Il nous fit distribuer une médaille en argent
où figurait l'effigie de Louis XVI, avec ces mots :
« Pleurez et vengez-le. » — C'est à cette époque que
l'armée du prince de Condé adopta le brassard blanc,
attaché au bras gauche, et orné de trois fleurs de lys
qui se relevaient en noir.

IX

La campagne de 1793, après un tel événement, fut, comme on pouvait le prévoir, plus active et plus fatigante. Au début, les troupes françaises furent repoussées hors du Palatinat (1) et le siège fut mis devant Landau. Le général baron de Wurmser, né alsacien, et jadis commandant en second le régiment d'Alsace dans l'armée française, commandait en chef l'armée autrichienne. Le duc de Brunswick, à la tête d'un corps d'armée considérable, était venu prêter main-forte à ses alliés. Wurmser résolut d'en profiter pour attaquer cette forte position, défendue par de nombreux ouvrages d'art, et connue sous le nom de *lignes de Wissembourg*. Le corps de Brunswick fut chargé de couvrir la droite de l'armée autrichienne en occupant les montagnes jusqu'à Saverne. L'armée française défendit très vigoureusement les lignes de Wissembourg; mais elle fut complètement défaite et la ville même de Wissembourg fut emportée le 12 octobre. Si le général autrichien, abandonnant les habitudes de lenteur qui paralysaient les mouvements

(1) Voir pour la première partie de cette campagne, l'*Histoire de l'Armée de Condé*, par M. BITTARD DES PORTES, pp. 67 et suiv., et notamment le récit du combat de Rülzheim, p. 76.

de son armée, avait poursuivi sa victoire, il aurait
facilement occupé l'Alsace tout entière. A Strasbourg
même, on avait cru pendant deux jours à l'occupation prochaine de la ville. Lorsque des pelotons de
hussards républicains la traversèrent dans leur
retraite, les habitants se mirent aux fenêtres, croyant
que c'était l'avant-garde de l'armée autrichienne.
Mais pendant ce temps, le général Wurmser s'était
arrêté trois jours entiers à Brumath, où le duc de
Brunswick était venu le rejoindre et le féliciter de sa
victoire. Ces trois jours se passèrent en fêtes, en fes-
tins, accompagnés de bruyantes salves d'artillerie
en l'honneur du vainqueur des lignes de Wissembourg.

On donnait ainsi le temps à l'armée française de
se remettre. de se rassembler, et de recevoir des renforts. Nous avançâmes ensuite très lentement, très
méthodiquement en Alsace, et de position en position nous vînmes occuper la ligne de la Moder, en
avant de Haguenau, que nous couvrîmes de quelques
fortifications. Dans cette marche, notre tactique
était des plus simples. Nous occupions successivement de longues lignes entre les montagnes, à notre
droite, et le Rhin à notre gauche. L'ennemi venait
quotidiennement attaquer, avec des forces supérieures et sans cesse renouvelées, un point quelconque de ces lignes, qu'il pouvait choisir à son gré.
Et lors même qu'il échouait dans son attaque, il se
retirait sans difficulté, après nous avoir fait éprouver
des pertes égales sinon supérieures aux siennes.

C'est ainsi que nous nous trouvions, le 15 novembre, près du village de Berstheim, où le prince de Condé avait son quartier général (1). Nous étions à peu près au centre de la ligne, et apparemment dans une des plus mauvaises positions, défendue par une simple redoute. Vers la fin de novembre, ce point fut attaqué presque tous les jours par un corps ennemi de plus de dix mille hommes. Chaque fois, vers le milieu de la journée, la redoute, qui était défendue par l'infanterie de la légion de Mirabeau, formant notre avant-garde, se trouvait emportée, et nous étions obligés de la reprendre au prix de pertes assez considérables, surtout si l'on envisage qu'elles étaient quasi journalières. Les généraux autrichiens ne songeaient guère à venir à notre secours. A peine nous envoyaient-ils parfois quelques renforts de troupes autrichiennes ou hongroises. Nous avions plus de sympathie avec ces dernières, — qui venaient aussi à notre aide de meilleur cœur.

La nature du terrain sur lequel nous étions campés nous avait permis de creuser dans le sol, formé d'une argile plastique et colorée, des retraites plus commodes que les mauvaises tentes autrichiennes qui ne nous abritaient seulement pas de la pluie. Les plus diligents et les plus actifs d'entre nous s'étaient créé de ces demeures souterraines, et, quelques-unes très ingénieusement disposées. Celle que j'occupais avec trois ou quatre de mes amis avait à peu près douze pieds de superficie en tous sens, et sept à huit pieds de profondeur. Le toit en était formé par des

____

(1) V. Bittard des Portes, *op. cit.*, chap. **x**, p. 130.

bois et des planches établis suivant l'inclinaison convenable, et recouvert de quelques bottes de paille en
manière de chaume. Une ouverture y donnait passage,
et on y descendait au moyen d'une échelle. Dans
l'intérieur, on avait ménagé dans la masse du terrain
solide une banquette de deux pieds de large, qui
régnait tout autour de cette espèce de cabine, et, ce
qui était plus difficile, une cheminée avec sa tablette
et ses chambranles. Un tuyau percé avec art donnait
issue à la fumée, de telle sorte que nous pouvions
entretenir un feu devant lequel bouillait presque continuellement une marmite qui nous fournissait deux
ou trois soupes par jour. C'était à peu près notre seule
nourriture.

D'autres avaient mis encore plus de talent à se
construire une de ces habitations de troglodyte. M. de
Châteaubourg avait profité dans celle qu'il avait
construite d'un bloc de cette argile et y avait sculpté
la figure d'un homme gros et court auquel il avait
donné une parfaite ressemblance avec le comte de
Bouthillier (1), major-général de notre petite armée,
et qui, d'après ses fonctions, était sans cesse en butte à
nos récriminations, lesquelles se traduisaient souvent
par d'assez mauvaises plaisanteries. Mgr le prince de
Condé vint un jour visiter notre campement souterrain

(1) Charles-Léon, marquis (et non comte) de Bouthillier-
Chavigny, né en 1743. Il rentra en France lorsque les puissances étrangères eurent reconnu le Gouvernement consu-
laire. Il vécut dans la retraite jusqu'en 1814, où il fut nommé
lieutenant-général par Louis XVIII. Il mourut en 1818.

et admira fort la construction si ingénieuse de M. de Châteaubourg. Il reconnut fort bien d'ailleurs la caricature de son chef d'état-major, et crut embarrasser M. de Châteaubourg en lui demandant ce que représentait cette figure grotesque.

« C'est la levée en masse, Monseigneur », répondit l'officier.

On appelait ainsi les troupes de paysans que le Gouvernement républicain recrutait par la force, et que ses généraux ne nous montraient jamais que dans un éloignement prudent, couronnant les hauteurs devant nous, espèce de horde sans consistance, qui ne se mêlait jamais au combat.

Le 1er décembre au soir, après avoir soutenu pendant toute la journée, comme les jours précédents, le choc des troupes républicaines, nous étions dans notre baraque souterraine, au nombre de trois, les deux frères d'Arbaud de Jouques et moi. Nous venions de faire notre repas du soir en mangeant cette soupe épaisse de pain longtemps mitonné, lorsque nous fûmes apostrophés d'en haut par une voix claire.

« Êtes-vous là, enfants de la joie? »

C'était un de nos chefs, qui était en même temps un de nos meilleurs camarades, le chevalier d'Oville, lieutenant-colonel du corps des Chevaliers de la Couronne, qui nous interpellait ainsi par l'ouverture de notre caverne. Sur notre réponse, il dit à son domestique d'apporter une bouteille de kirsch, s'assit au milieu de nous, et en versa à la ronde. Le chevalier d'Oville sortait du régiment de Dauphiné-infanterie, et à la formation de notre corps, avait été choisi par le comte de Bussy pour être lieutenant-colonel. Ses talents militaires lui avaient facilité son passage dans l'arme de la cavalerie. Il y était devenu un officier remarquable, et s'était montré des plus habiles à instruire le corps dont il était un des chefs les plus distingués. Il était sans pareil dans son ardeur pour la guerre. Il aimait et cherchait le danger avec la même passion que d'autres mettent à courir après les plaisirs. Les dangers qu'il pouvait affronter tous les jours, et la gloire qu'il pouvait acquérir avec nous ne lui suffisaient plus. Si le bruit du canon lui apprenait que quelque point de la ligne était attaqué, on aurait pu le voir se glissant derrière la rangée de nos tentes, et profitant de la vigueur d'un cheval qui semblait répondre au désir de son maître, courir à quelque action de guerre où son devoir ne l'appelait pas, mais où sa vaillance l'entraînait.

Peu de jours auparavant, dans une de ces excursions chevaleresques, il s'était égaré au milieu des postes républicains. Il avait été chaudement poursuivi par plusieurs cavaliers ennemis, dont il ne parvint à se débarrasser qu'à force de courage, et non sans recevoir une blessure à la cuisse, qu'il avait eu bien soin de nous cacher. Sa réputation de bravoure, parmi tant de braves, était telle qu'il avait été appelé pour commander en second un de ces régiments français que l'Angleterre formait sur le continent. Le Gouvernement britannique avait traité avec des personnes dont les noms étaient connus dans l'émigration pour le recrutement de quelques régiments de cavalerie. C'est ainsi que le duc de Choiseul-Stainville avait obtenu une capitulation pour former un régiment de hussards. Le moindre des avantages de servir dans ces corps dont les traitements étaient aussi élevés que ceux des régiments anglais en temps de paix, était de sortir de la pénurie dans laquelle nous vivions. La place offerte à M. d'Oville était de dix-huit à vingt-mille francs. Tout le monde souhaitait cette bonne aubaine à notre brave camarade (1).

Il y avait huit jours que tout était prêt pour son départ. Mais chaque matin il était arrêté par l'attaque des républicains contre le point dont la défense nous était confiée. Chaque fois, le canon de nos redoutes nous annonçait de nouveaux dangers et de nouveaux honneurs à récolter. Ce n'était pas en de pareils moments que le brave d'Oville pouvait nous quitter. A la fin, il se sentait pressé par ses nouveaux devoirs, et de plus longs retards auraient pu lui faire perdre sa nouvelle position, si brillante et si enviée. C'était le soir même où il était venu nous rejoindre. Nous venions de nous passer à la ronde, dans le seul verre que nous possédions, la liqueur qu'il nous versait.

« Vous me connaissez, mes amis, nous dit-il. Je n'avais pas besoin de faire encore une fois preuve de courage pour mériter votre estime. Mais je ne pouvais pas me séparer de vous au moment où je pou-

---

(1) Tel, par exemple, que le régiment de uhlans commandé par le marquis de Bouillé. V. *Fragments et Souvenirs*, t. I, pp. 163 et suiv. La paie du lieutenant-colonel était de 1 £ 4 sh. 6 d., soit une quarantaine de francs par jour.

vais partager vos dangers. Seulement maintenant le temps me presse. Je ne puis plus tarder à me rendre à ma nouvelle destination. Aussi, quoi qu'il arrive, ne soyez pas étonnés de me voir partir demain dès la première heure du jour. »

Tout le monde approuva ses paroles, et nous y ajoutâmes l'expression de nos regrets et des vœux que nous formions pour le meilleur de nos chefs.

Le lendemain à six heures du matin, son chariot était attelé. Il montait lui-même sur son bon cheval, lorsque le canon de la redoute voisine nous annonça une nouvelle attaque de l'ennemi.

« Parbleu ! dit-il en jurant, il ne sera pas dit que j'aurai quitté mes braves camarades au moment où leur sang va couler sur le champ de bataille ! »

Et il accourut prendre sa place dans nos rangs.

X

Ce jour-là, le 3 décembre, Mgr le prince de Condé, fatigué de nos pertes répétées, résolut d'en finir avec ces combats meurtriers et fatigants, et mit en mouvement toutes ses forces. Au moment où la redoute était emportée par les soldats de Pichegru, il fit masse de son infanterie noble. Son fils, le duc de Bourbon, se mit à la tête des escadrons de la cavalerie. C'était tout le fonds de notre petite armée qui ne s'élevait pas ce jour-là à plus de quatre mille hommes. M. le duc d'Enghien, qui était la troisième génération de cette race héroïque, avait pris le commandement de ce qu'on pouvait regarder comme l'avant-garde, formée de la légion de Mirabeau, du corps des Chevaliers de la Couronne, où j'avais l'honneur de servir, et de deux autres compagnies de cavalerie, l'une composée des officiers du régiment du Roi-infanterie, qui s'étaient mis à cheval, l'autre des officiers du régiment de Dauphin-cavalerie et des braves cavaliers de ce régiment qui avaient suivi leurs officiers. Ils étaient commandés par le vidame de Vassé.

Mgr le prince de Condé, s'avançant à la tête de son infanterie, l'avait arrêtée derrière un tertre qui était balayé par l'artillerie ennemie. Voulant déterminer son point d'attaque, il monta seul sur le sommet du tertre, malgré toutes les instances qu'on put faire pour l'arrêter. Là, après avoir, à l'aide de sa lorgnette, examiné pendant quelques moments la position, il marcha droit à l'ennemi, suivi de son infanterie. Ces enfants de la lance ne perdaient pas leur temps à faire feu. Ils attaquaient toujours à la baïonnette. C'est ainsi qu'ils atteignirent et dispersèrent un ennemi trois fois plus nombreux, et s'emparèrent de son artillerie. En même temps, Mgr le duc de Bourbon fondit avec trois cents hommes de sa cavalerie sur celle des républicains qui formait devant lui une ligne bien plus nombreuse, bien plus étendue, et qui paraissait les attendre de pied ferme.

Le terrain avait été mal reconnu, et au moment où nos braves pensaient croiser le fer, ils trouvèrent devant eux un chemin creux tels qu'ils existent dans les terres fortes de l'Alsace, et large d'au moins douze ou quinze pieds. C'est derrière cet énorme fossé que la cavalerie ennemie attendait tranquillement, le pistolet au poing, la charge de nos braves cavaliers. Son feu mit le désordre parmi les assaillants. Mais rien ne pouvait arrêter l'élan de nos valeureux camarades. Ceux qui avaient les meilleurs chevaux sautèrent l'obstacle et se trouvèrent au milieu des rangs ennemis. Les autres descendirent la pente rapide du chemin creux pour remonter de l'autre côté. Enfin la mêlée ne dura pas deux minutes. Il s'y porta de part et d'autre des coups vigoureux, et nous vîmes tout à coup la cavalerie républicaine s'enfuir en déroute. Mgr le duc de Bourbon avait reçu une blessure assez forte au poignet droit.

Nous avions assisté, en témoins indiciblement

émus, à cette rencontre. Séparés par un profond ravin de cette vaillante troupe, et placés sur un terrain beaucoup plus élevé, nous dominions ce combat, sans pouvoir y prendre part, et comme on assisterait à des évolutions militaires dans un cirque. Mais bientôt notre attention fut divertie par nos propres affaires. Nous avions devant nous sept ou huit escadrons de cavalerie échelonnés, appuyés par de l'infanterie, soit de l'ancienne armée, en habit blanc, soit des volontaires nationaux habillés en bleu.

Mgr le duc d'Enghien, qui portait l'uniforme de son régiment d'infanterie, avec son cordon bleu par-dessus, vint se placer entre les deux escadrons des Chevaliers de la Couronne. J'étais tout à fait à l'aile de l'un de ces escadrons, et par conséquent tout au plus à dix pas de lui. Nous chargeâmes avec ardeur, au cri de « Vive le Roi ! » Je ne sais si ce cri, ou l'impression que nous pouvions produire sur des troupes qui pouvaient reconnaître parmi nous leurs anciens officiers, put avoir quelque influence, mais le fait est que personne ne nous attendit de pied ferme, et nous ne pûmes croiser le fer qu'avec quelques traînards. Tout cela s'était passé au milieu du sifflement des balles, des boulets de canon, et de la mitraille. Mais toutes les pièces qui avaient tiré sur nous restèrent en notre pouvoir, au nombre de dix ou douze.

En poursuivant ainsi notre succès sur la cavalerie des ennemis, nous avions dépassé plusieurs corps d'infanterie, et entre autres un régiment de l'ancienne armée, à l'habit blanc. Ils avaient épuisé sur nous leurs cartouches, et avaient précipité leur retraite en courant si bien qu'ils n'en pouvaient plus et marchaient au pas ordinaire, tout essoufflés, sur notre gauche et tout près de nous, comme s'ils eussent été des nôtres. Quelques-uns de nos partisans poursuivaient, dans les rangs de cette colonne, les officiers qui se cachaient derrière les groupes de soldats.

« Ce n'est pas à vous que nous en voulons, disaient à ceux-ci nos camarades, c'est à ces officiers de malheur qui vous conduisent hors du chemin de l'honneur et du devoir. »

Si quelqu'un de nos chefs eût eu la présence d'esprit de prendre le commandement de ce régiment, il lui aurait facilement fait faire demi-tour, et l'eût emmené au milieu de nous. Mais lors même qu'on en aurait eu la pensée, on n'aurait pu l'exécuter. Nous avions défense absolue de faire des prisonniers. Nous n'étions pas assez nombreux pour nous priver des détachements nécessaires à leur garde, et puis les décrets de la Convention nous refusaient toute merci, et ordonnaient de nous fusiller sur place.

Dans ces charges qui s'étaient succédées rapidement, nos rangs avaient été souvent rompus par suite de notre élan plein d'enthousiasme, et nous nous reformions en hâte pour des charges nouvelles. Dans une de ces occasions, Mgr le duc d'Enghien passa devant un des volontaires nationaux, blessé de coups de sabre à la tête, et dont le visage était couvert de sang. Il était à genoux, appuyé sur ses deux mains, dont l'une était encore posée sur son fusil. Il demandait la vie d'une voix sourde et profonde. Le prince, ému de ce spectacle, ordonna qu'on fît grâce à cet homme. Un aide de camp, resté auprès du malheureux pour avertir les escadrons qui nous suivaient, leur criait : « Qu'on épargne cet homme, Monseigneur lui fait grâce ! » — A ce mot de Monseigneur, le misérable souleva la tête, ramassa son fusil, et tira sur le prince qu'il ne connaissait que parce que celui-ci avait voulu lui sauver la vie.

Nous avions poursuivi notre succès sur plus d'une demi-lieue, et nous n'avions plus devant nous que quelques fuyards lorsque notre brave d'Oville vint à moi.

« J'ai gagné la journée ! s'écria-t-il, car je puis me vanter d'avoir pris deux pièces de canon ! »

Peut-être en effet se vantait-il un peu, car probablement, comme plusieurs d'entre nous, n'avait-il fait que sabrer sur leurs affûts les canonniers des pièces que le succès de nos armes laissait entre nos mains. Puis se retournant tout à coup, il vit près de nous un cavalier ennemi qui s'escrimait vigoureusement contre deux ou trois de nos plus jeunes gens.

« Voyez donc, Vitrolles, me dit-il, voilà des enfants qui vont se faire tuer par un homme qui est à moitié mort ! »

Je piquai des deux et arrivai sur l'homme qui tomba bientôt de cheval. Je saisis aussitôt l'animal par la bride, et voyant près de nous un volontaire de Mirabeau à pied, je la lui tendis.

« Tiens, Mirabeau, lui dis-je, te voilà à cheval, à présent ! »

Ce que je raconte s'était passé en moins de temps

qu'il n'en faut pour le dire. Je cherchais des yeux mon lieutenant-colonel pour le rejoindre quand je le vis à une soixantaine de pas, renversé de son cheval, et entouré de trois ou quatre cavaliers qui le perçaient de coups. Je m'élançai aussitôt, ainsi que les deux ou trois camarades qui étaient avec moi. Les chasseurs républicains s'éloignèrent à notre approche et nous laissèrent le cadavre de ce valeureux officier, destiné à la plus brillante carrière militaire. Au moment où je l'avais quitté, il avait pointé seul sur quelques ennemis épars. Deux chasseurs à pied, qui avaient mis un genou en terre, avaient tiré sur notre lieutenant-colonel et une balle lui avait traversé la cuisse. En vain il essaya de se relever. Sa belle figure guerrière conservait encore après la mort un caractère terrible.

Nos pertes en tués et blessés étaient d'environ quatre cents hommes, presque tous officiers, et deux de nos généraux (1). La perte de l'ennemi était certainement plus du double de la nôtre.

Au nombre de ceux dont on peut citer le grand exemple et les nobles paroles, se trouvait M. de Barras, cousin de celui qui jouait un rôle dans la Révolution et qui devait un jour avoir l'influence prépondérante que l'on connaît dans le Directoire. Grièvement blessé, il était transporté dans une charrette avec quelques autres, parmi lesquels était un gre-

---

(1) Le baron d'Allonville, maréchal de camp, aide-major de la cavalerie, tué; le duc de Bourbon, blessé dans les circonstances que l'on connaît.

nadier de Mirabeau à qui la douleur arrachait d'horribles cris.

« Camarade, lui dit M. de Barras, ayez le courage de la douleur, vous qui avez eu celui du combat. Songez que votre Dieu est mort sur la croix et votre Roi sur l'échafaud !

— C'est bien facile à dire, répartit le soldat, quand on n'est pas blessé ! »

Pour toute réponse, M. de Barras ouvrit son manteau et lui montra ses deux cuisses, emportées par un boulet de canon.

Je ne finirais pas si je voulais rapporter ici les actions héroïques, les sentiments généreux et les nobles expressions qui se faisaient jour autour de nous. Je voudrais cependant retracer ici le souvenir de la mort du brave Mauny, capitaine au régiment de Penthièvre-infanterie. Dans une première attaque que nous avions faite contre les lignes de Wissembourg, et au milieu des abatis qui les couvraient, ce brave gentilhomme dont le nom n'était pas nouveau sur les champs de bataille, tomba grièvement blessé, et incapable de se relever. Au moment où les républicains repoussaient vivement notre attaque, M. de Mauny fut secouru par deux grenadiers de la Légion de Mirabeau qui, faisant un brancard de leurs fusils, y chargèrent le noble capitaine. Nos troupes battaient en retraite, chaudement poursuivies par l'ennemi sans qu'on eût aperçu le malheureux blessé. Celui-ci ne voulant pas que deux braves soldats pussent courir risque de leur vie pour sauver la sienne, leur demanda à plusieurs reprises de le laisser et de s'occuper de leur propre salut. Les deux grenadiers ne pouvaient consentir à abandonner le capitaine à une mort certaine, puisqu'il y était dévoué même alors qu'il eût échappé à celle du champ de bataille. Enfin, ils étaient déjà débordés à gauche et à droite, lorsque M. de Mauny réunissant toutes ses forces, leur dit avec autorité : « Soldats, je vous ordonne au nom du Roi de me déposer ici et de pourvoir à votre sûreté pour lui conserver deux braves gens. » — Ils obéirent. M. de Mauny fut bientôt ramassé par les ennemis, conduit à Wissembourg dans une espèce de cortège triomphal qui rappelait celui des cannibales, et fusillé de sang-froid sur la place publique, sans autre jugement que la simple constatation de son identité.

Le lendemain du combat de Berstheim, que je viens de raconter, je commandais une patrouille, à la pointe du jour. Nous parcourions le champ de bataille de la veille. Il était couvert de cadavres que les paysans avaient dépouillés pendant la nuit. Ils étaient enflés et la gelée les avait recouverts d'une sorte de givre qui réfléchissait les rayons d'un pâle soleil d'hiver. Lugubre spectacle !... Les troupes républicaines nous laissèrent tranquilles ce jour-là. Au milieu de l'exaltation de la victoire, nous comptions nos plaies. La perte du brave d'Oville nous était surtout sensible (1).

(1) Voir l'état des pertes de l'armée de Condé au combat de Berstheim dans BITTARD DES PORTES, *op. cit.*, p. 143.

XI

La campagne se termina d'une manière bien différente de celle que nos premiers succès permettaient de prévoir. Les troupes républicaines, profitant des éternelles lenteurs et de la stratégie routinière du général autrichien, s'étaient renforcées devant nous. Les troupes prussiennnes qui couvraient notre droite s'étant retirées, la longue ligne de notre armée, qui tenait tout le travers de l'Alsace, se trouvait sans cesse attaquée sur les points les plus faibles. L'armée républicaine recevait son impulsion du général Pichegru qui commençait là cette carrière de succès et de célébrité qui devait se terminer d'une manière si fatale dans la prison du Temple. On ne se serait pas douté qu'il périrait un jour victime de son dévouement à la cause royale, qu'il combattait avec tant d'ardeur au moment dont je parle.

Ce fut dans les derniers jours de décembre 1793 (1), que nous fûmes forcés d'évacuer cette partie de l'Alsace dont la conquête nous avait coûté un sang si précieux. Cette retraite couronnait notre vie de misère, bien

---

(1) Le 24. — Le corps de Condé fut d'abord dirigé sur Mothercu, à un quart de lieue du Rhin, puis sur Lauterbourg. Il passa le fleuve le 26 en face de Neuburgweier (V. Bittard des Portes, *op. cit.*, p. 173).

aggravée par les rigueurs de la saison. Nous avions passé quinze jours ou trois semaines en avant de Haguenau, bivouaqués sur un terrain fangeux, quand il n'était pas raffermi par la glace. Nos chevaux attachés à leurs piquets recevaient à peine une nourriture suffisante, et nous n'avions nous-mêmes d'autre distribution que le mauvais pain de munition autrichien, pétri des plus mauvaises farines, et qui nous arrivait tellement mouillé qu'il conservait à peine sa forme. Le pays que nous occupions depuis deux mois était totalement épuisé, et nous n'aurions pas pu profiter de son abondance au cas où elle eût existé, car nous étions tous réduits à quelques liards qui suffisaient à peine à nous procurer la mauvaise eau-de-vie de pommes de terre qui était notre seule ressource extraordinaire. Le général Pichegru nous avait forcé d'évacuer cette région en se portant dans les montagnes à notre droite.

La désolation des malheureux habitants fut à son comble. Ils craignaient les vengeances que devait infailliblement leur attirer l'accueil qu'ils nous avaient fait. Ils se décidèrent en grand nombre à quitter leurs foyers et leurs terres, leurs pauvres maisons, emportant ce qu'ils pouvaient placer sur leurs petits chariots où s'entassaient les vieillards, les malades, les femmes épuisées de fatigue et les petits enfants. La lenteur de notre retraite protégea cette fuite dont le spectacle était lamentable. On portait à plusieurs milliers d'âmes le nombre des malheureux qui se retirèrent ainsi au-delà du Rhin. C'est le tableau de cette scène quasi biblique que Gœthe a chanté d'une manière si touchante dans son poème d'*Hermann et Dorothée*.

Notre retraite se fit sur les deux routes parallèles de Lauterbourg et de Wissembourg, et par une combinaison singulière des généraux autrichiens, notre corps se trouva séparé en deux et destiné à servir d'arrière-garde. Nous étions ainsi chargés de couvrir la retraite sur les deux routes. C'était beaucoup d'honneur qu'ils nous faisaient, mais il faut avouer que c'était nous sacrifier sans façon.

Tout cela se passait au cœur d'un des hivers les plus rigoureux qu'on ait vu dans ces climats. La fatigue, la misère, le manque de nourriture, le défaut de vêtements que nous ne pouvions remplacer quand ils étaient usés, nous avaient réduits à un état digne de pitié. J'ai vu dans cette retraite quelques-uns de nos camarades exténués de fatigue et de misère au point de se coucher à terre au pied d'un arbre sans vouloir se relever. Et lorsque, chargé de l'arrière-garde avec quinze ou vingt des nôtres, je les exhortais à reprendre courage et à se remettre en route en leur représentant que nous étions suivis par les tirailleurs républicains qui allaient les mettre à mort, ils se refusaient encore à marcher, disant qu'ils préféraient en finir. J'étais obligé de faire descendre de cheval quelqu'un d'entre nous, ou de les enlever de force et de les entraîner malgré eux entre deux chevaux.

Après avoir traversé le Rhin et gagné Rastatt, puis Offenbourg, l'armée de Condé rentra dans ses cantonnements de la Forêt-Noire.

Pendant cette désastreuse retraite, accomplie au cœur même d'un hiver des plus rudes, l'armée eut à subir les plus cruelles privations en traversant des pays désolés par la guerre. L'armée française portait avec elle la terreur. Elle était suivie de la guillotine. Les populations fuyaient en désordre devant elle, emmenant ce qu'elles pouvaient posséder. Le corps des émigrés atteignit ses quartiers d'hiver décimé par les pertes éprouvées sur les champs de bataille, épuisé par les maladies, harassé par les fatigues, et sans aucune ressource d'argent pour remplacer l'habillement et l'équipement ruinés par la guerre.

XII

Lorsque j'arrivai dans nos cantonnements d'hiver de la Forêt-Noire, j'étais exténué par les épreuves et les privations de toute sorte. J'avais lié avec un de mes camarades, M. de Bellescize, également porte-guidon au corps des Chevaliers de la Couronne, une amitié des plus intimes. Nous mettions en commun nos misères d'abord, et, quand nous en avions, nos ressources. Tous deux nous avions une partie de notre famille en Suisse, l'un à Fribourg, l'autre à Lausanne. L'idée du repos dont nous avions un si grand besoin ne pouvait s'offrir à nous que sous le toit de nos parents chéris. Le voyage n'était pas très long; mais un point délicat le rendait difficile. C'était l'argent, qui nous faisait cruellement défaut. Il n'en fallait pas beaucoup pour faire à pied quarante ou cinquante lieues. Mais encore en fallait-il. Quand l'un de nous deux, dont les vêtements étaient absolument déchirés, eut acheté pour dix francs la redingote de son lieutenant-colonel tué à côté de lui au combat de Berstheim, les deux amis réunirent ensemble une somme de vingt-huit ou trente francs, qui parut bien juste suffisante. Ils se mirent pourtant en route, non sans quelque gaieté, sans se soucier de la fatigue du voyage qui devait les conduire au repos désiré.

La Suisse alors était le pays hospitalier par excellence. Les voyageurs à pied — même des plus riches — y affluaient. Ils étaient bien accueillis dans les meilleures auberges, où les prix d'ailleurs étaient modérés. On soupait à la table d'hôte la mieux composée, et on était fort bien couché pour quinze batz ou quarante-cinq sous. La bourse des deux voyageurs pouvait donc permettre ce luxe, à condition qu'il y aurait peu ou point d'autres dépenses. Aussi leur repas du matin se composait-il d'un pain et d'un morceau de fromage achetés en traversant le dernier village à l'heure qu'indiquait leur appétit. Il se faisait ordinairement au bord d'un clair ruisseau qui fournissait son onde cristalline pour étancher leur soif. Mais pour arriver au terme de leur voyage, il ne fallait pas qu'il survînt d'accident. Cependant, en sortant de Bâle, M. de Bellescize se donna une rude entorse. Il fit de nécessité courage et continua sa marche. Mais bientôt la douleur devint si vive qu'il fallut s'arrêter et chercher des remèdes dans notre instinct médical. Le patient exposa sa jambe au courant frais et rapide d'un ruisseau qui descendait de la montagne. Il put ainsi gagner le plus mauvais cabaret dans un village voisin. Là recommença le traitement d'eau froide, le seul que nous sûmes inventer. Après avoir assez bien dormi, les deux voyageurs se remirent en route, le malade s'appuyant sur le bras du valide. Ils firent ainsi deux ou trois lieues sans trop d'inconvénients, suivant toujours la même prescription. Le troisième jour, on put reprendre les étapes.

Arrivés au point où bifurquent le chemin de Fribourg, où se rendait mon ami, et celui de Lausanne qui était le but de mon voyage, il fallut se séparer. On fit le partage du léger pécule qui nous restait, et après nous être embrassés avec cette affection qui naît de la camaraderie de la guerre, nous nous quittâmes. C'était près du monument élevé sur l'emplacement de la célèbre bataille de Morat, et qu'on désigne sous le nom de *Chapelle des Bourguignons*. La vue de ce trophée qui rappelait des temps si glorieux pour les Suisses m'engagea dans de tristes réflexions sur l'époque actuelle. Je ne pouvais concevoir comment ces fiers républicains avaient pu souffrir avec une si lâche faiblesse les outrages sanglants de la Révolution, les indignités éprouvées par les régiments qu'ils avaient au service de la France, et enfin le massacre des gardes Suisses au 10 août. L'indignation m'inspira une apostrophe aux Gouvernements helvétiques. Je la composai en vers. Malheureusement, ils étaient mauvais, mais ils m'occupèrent pendant une partie du chemin que j'avais à faire seul.

J'arrivai à Lausanne au sein de ma famille, que le malheur des temps y avait réunie. J'y trouvai ma mère, ma grand'mère, un oncle, une tante, une cousine. Tous accueillirent le jeune soldat avec ce tendre intérêt qui s'augmente de toutes les inquiétudes qu'inspire une vie de dangers. C'était un doux repos après deux années d'une vie de fatigues et de misères. Les soins de mon excellente famille me firent bien vite oublier les maux passés.

Dans cette même ville de Lausanne, et au premier rang de la société, je retrouvai la famille de Sénarclens, que nous avions connue dans les premiers moments de notre séjour en Suisse, au commencement de 1789. J'avais alors à peine quatorze ans. J'étais sous la direction de mon oncle, l'abbé de Pina. Il venait de quitter la ville du Puy-en-Velay, où il avait des dignités et des biens ecclésiastiques. Fatigué des dissensions politiques où il avait joué un rôle comme président de la Chambre du clergé, réuni pour nommer les députés à l'Assemblée Nationale, il avait quitté brusquement sa résidence, et m'avait retiré du collège où je faisais mes humanités. Il comptait me conduire à Paris pour me faire faire deux années de rhétorique au collège de Sainte-Barbe. Mais il eut la fantaisie de faire un détour pour voir quelques parties de la Suisse. Il prit à Lyon des lettres de recommandation pour Genève, et après quelque séjour dans cette ville, il s'arrêta à Morges, joli petit village sur les bords du lac. Les lettres de recommandation qu'on nous avait données à Genève le décidèrent à nous y arrêter quelques jours.

Les bontés de mon oncle me donnaient toute liberté et me laissaient la disposition de toutes choses, excepté d'un coffre de sa voiture dans lequel étaient enfermés quinze ou vingt volumes. Il en gardait en général la clef très exactement. Il n'en fallait pas tant pour exciter ma curiosité. Je trouvai moyen de m'emparer un instant de cette clef. Je plongeai la main dans le coffre, et j'en tirai quelques volumes qui se trouvèrent être la *Nouvelle Héloïse*, en petit format. Il ne s'agissait plus que de la lire en secret. Comme j'obtenais assez facilement la permission de me promener seul, j'allai me cacher de jour en jour dans quelque bouquet de bois voisin, où je dévorai tout le roman. C'était le premier que je lisais de ma vie. Cette peinture de l'amour, si vive et si neuve pour moi, la description des sites que j'avais devant les yeux, — les rochers de Meilleraye étaient en face de moi, — tout cet ensemble de coïncidences me fit éprouver une émotion assez forte pour m'aider à traverser sans trop de peine les longues tirades philosophiques de Saint-Preux.

Vers ce même temps, mon oncle me proposa un jour d'aller visiter le château de Vufflens, situé sur une éminence, et attribué, comme beaucoup d'autres châteaux de vieille date, à la reine Berthe. Nous avions passé une demi-heure autour de cette habitation, dont les murailles étaient en partie ruinées, et nous admirions la vue magnifique du lac qui s'étendait à nos pieds, les côtes riantes et cultivées du côté de la Suisse, plus abruptes et plus hardiment dessinées du côté de la Savoie, et la pointe glacée du Mont-Blanc, dominant toutes les autres, et passant des teintes de l'émeraude à celles du rubis ou du diamant, suivant l'inclinaison du soleil. Nous allions nous retirer, lorsque nous fûmes abordés par un homme d'âge mûr, à l'habit gris orné de brandebourgs en argent, en qui il était facile de reconnaître le seigneur du château. Il nous fit les honneurs du tableau que nous avions sous les yeux, en nous faisant remarquer les

sites qui nous avaient échappé, et en nous disant
leurs noms ainsi que ceux des villes et des montagnes
qui nous étaient inconnues. Comme nous prenions
congé, quelques instants après, en le remerciant de
son courtois accueil, il nous arrêta en nous disant
que Mme de Sénarclens serait charmée de nous connaître et nous engagea à venir prendre une tasse de
thé avec elle. Nous entrâmes dans cette antique
habitation, noble dans sa distribution, simple dans
son ameublement. La maîtresse de la maison portait
le costume de nos grand'mères, avec une coiffe à
papillon. Son air et ses manières étaient des plus
dignes. Un moment après notre arrivée, une porte
du salon s'ouvrit et nous vîmes entrer deux belles
servantes bernoises aux longues tresses garnies d'un
ruban noir, avec un corsage rouge orné de chaînes
d'argent. Elles apportaient le thé sur de grands pla-
teaux. En même temps, et par une autre porte, arrivaient deux grandes et belles personnes de seize à
dix-huit ans. C'étaient les demoiselles de Sénarclens.
La *Nouvelle Héloïse* fermentait dans mon imagination.
A la vue de ces deux jeunes personnes, je crus trouver une Julie et une Claire. Outre leur beauté, elles
étaient pleines de grâce, et sauf leur accent suisse,
un peu trop prononcé, elles auraient été admirées
partout. J'en emportai la séduisante image, sans
savoir au juste à laquelle s'adressait l'hommage de
mes pensées.

Nous continuâmes à visiter cette noble et intéressante famille. Elle descendait d'une des plus anciennes
maisons seigneuriales du pays avant la révolution

suisse. M. de Sénarclens avait cherché en Hollande le service militaire que son pays lui refusait. Il s'en était retiré avec le grade d'officier général (1). Son fils suivait la même carrière, et était devenu officier supérieur dans la cavalerie hollandaise.

Les dissensions politiques qui troublaient la société de Grenoble engagèrent ma grand'mère, la marquise de Pina, à venir nous rejoindre. Elle croyait passer un mois ou six semaines avec nous. Elle arriva accompagnée de plusieurs de ses amies. Mon père et ma mère, de leur côté, informés du séjour que nous faisions sur les bords du lac de Genève, quittèrent la Provence pour profiter de cette occasion et me voir

---

(1) Henri-Louis de Sénarclens était né en 1727 de Pierre-Daniel et de Bénigne-Salomé de Gingins la Sarraz. D'abord capitaine, puis major au service de la Hollande, il devint seigneur de Vufflens en 1751, à la mort de son père. Il épousa en 1754 sa cousine, Françoise-Véronique de Gingins. A sa mort, en 1794, il laissa un fils, Charles-Gabriel, né en 1754 et deux filles, Henriette et Victoire, qui figurent dans le récit de M. de Vitrolles. Ces deux jeunes amies de l'émigré ne se marièrent ni l'une ni l'autre.

Le fils de M. de Sénarclens, Charles-Gabriel, laissa deux petites filles, Mmes Hortense Necker et Amélie Faesch, qui transmirent à leurs enfants le château féodal de Vufflens, lequel existe encore aujourd'hui, et dresse son fier donjon, accolé à un bâtiment flanqué de tourelles, au-dessus de la campagne qui environne Morges. — Charles-Gabriel eut en outre deux petits fils et une fille, Mme de Luc de Sénarclens, tante du Dr Victor de Sénarclens, si honorablement connue.

Les renseignements ci-dessus sont dus à l'aimable obligeance de M. F. de Crue, vice-recteur de l'Université de Genève, apparenté lui-même à la famille de Sénarclens.

avant mon départ projeté pour Paris. Une colonie de quinze à seize personnes se trouva ainsi formée, et c'est là que nous surprirent les premiers événements de 1789, les insurrections populaires, l'incendie des châteaux, particulièrement en Dauphiné. Ce n'était pas le moment de rentrer en France, et nous prolongeâmes notre séjour à Morges pendant l'été et l'automne de cette année. Nous nous trouvâmes ainsi émigrés avant qu'il y en eût. — Le bon accueil des habitants de Vufflens s'étendit à nous tous, et nous y trouvions une très agréable société.

L'âge et les infirmités de M. de Sénarclens l'avaient amené à passer ses hivers à Lausanne. Il y était plus considéré que tout autre, et le méritait par ses nobles qualités. A l'époque dont je parle, l'émigration, très nombreuse en Suisse, commençait à éprouver les premières étreintes de la gêne. Plusieurs avaient épuisé leurs ressources, et ne recevaient aucun subside de France. Ce brave gentilhomme vint au secours des misères qui lui étaient connues dans une proportion telle qu'elle excédait ses revenus. Sa femme et ses enfants étaient les premiers à applaudir à ses générosités. J'étais reçu dans cette excellente famille avec la plus touchante bonté. J'y retrouvai les deux jeunes filles, Henriette et Victoire. L'aînée était remarquable par sa taille. Sa figure était belle, ses traits réguliers, mais un peu amaigris et fatigués avant le temps. Victoire, la cadette, était moins grande, plus fraîche, et avait plus d'embonpoint, un visage plus animé. Toutes deux montraient un esprit très agréable, l'aînée plus sérieuse et plus sensible, la cadette plus vive et plus enjouée. Il y avait en elles de quoi plaire également, et tenir en suspens le cœur le plus disposé à se laisser prendre. Cependant, en examinant de plus près, il me semble que je penchais vers l'aînée.

XIII

Je passai la saison des quartiers d'hiver partagé
entre l'affection intime de ma famille et les douces
habitudes de cette accueillante maison. Mais au
mois de mars 1794 survint un cruel événement. M. de
Sénarclens avait atteint un âge avancé. Sa santé
avait été affaiblie par les maux qui pèsent sous
diverses formes sur les derniers temps de la vie. Une
crise plus forte vint effrayer sa famille. La maladie
prit bientôt un caractère de gravité tel que la famille
ne suffisait plus à supporter le poids des soins qu'exigeait l'état du pauvre malade. J'eus la faveur de
partager ce pieux devoir avec deux ou trois de leurs
amis. Nous passions tour à tour les nuits auprès de
ce lit de douleur, souvent environné de scènes déchirantes. Les deux sœurs, que dans les derniers jours
on tenait éloignées du spectacle navrant de cette vie
qui s'éteignait, forçaient l'obstacle que nous oppo-
sions à leur pieuse sollicitude. Elles venaient successivement se jeter à genoux devant ce lit de mort, élevant à haute voix vers le ciel leurs plus touchantes
prières.

A la fin d'une nuit où j'avais veillé seul auprès du
mourant, je m'aperçus que le dernier souffle de la vie
s'échappait de ses lèvres. J'approchai la glace fatale
que nulle respiration ne vint bientôt plus ternir, et

j'eus à remplir le devoir déchirant d'apprendre son malheur à cette famille désolée.

Une douleur si vivement partagée fut un lien de plus entre la pauvre veuve, ses deux filles, et leur jeune ami, liens plus tendres et plus sacrés que ceux formés par tout autre sentiment. — Mais le mois de mars m'appelait à retourner à l'armée. Parmi les émigrés adoptés et secourus par le noble M. de Sénarclens se trouvait une famille d'Eu de Marsan dont le fils, âgé de seize ans, voulait rejoindre le corps de Condé, et devait partir sous ma garde.

Ce n'était pas sans peine que je m'arrachai aux douces étreintes de ma famille et aux charmes de l'intimité. Les demoiselles de Sénarclens m'avaient préparé des présents conformes aux circonstances, et entre autres une belle cocarde blanche faite de leurs mains avec les plus beaux rubans. En les recevant, j'avais annoncé mon départ, et en avais fixé le jour au surlendemain. Je ne sais quel motif me fit retarder. Et lorsque je vins l'annoncer à mes amies, le plaisir de me revoir ne les empêcha point de me plaisanter malicieusement sur mon indécision et la peine que j'avais à les quitter. Je fus peut-être un peu piqué de cette expression d'un sentiment si bienveillant au fond, et je dis d'une manière très ferme que je partirais le lendemain à midi. — Si j'entre dans des détails aussi minutieux, c'est que l'heure et la date de mon départ devaient avoir une influence considérable sur les premières destinées de ma vie.

Ce jour arrivé, il semblait que toutes les cataractes du ciel se fussent ouvertes; il pleuvait à torrents.

Ma mère ne concevait pas qu'on pût se mettre en route à pied sous une telle inondation. Mais le souvenir des plaisanteries de la veille me rendit intraitable. Je partis avec mon jeune camarade à l'heure dite. Nous ne portions pour tout bagage qu'une chemise et une paire de bas dans notre poche. Avant de sortir de la ville nous étions déjà aussi mouillés que si nous étions tombés dans le lac. Il fallut s'arrêter au premier village, où l'approche de la nuit nous força à prendre gîte. Après nous être séchés et reposés, nous continuâmes notre route le lendemain sans autre mésaventure.

Le troisième jour nous étions arrivés à Zurich, où nous avions pris logement à l'hôtel de l'Épée, le meilleur de la ville. La table d'hôte était nombreuse; les discours tournaient uniquement sur les nouvelles de France. On était au plus fort de la Terreur, et on peut juger de celles qui se répandaient. J'entendis répéter le nom de M. Mounier, et en levant les yeux devant moi, je reconnus en effet ce membre de l'Assemblée constituante (1) que j'avais rencontré

(1) Mounier (Jean-Joseph), né à Grenoble en 1758, avait joué un rôle important dans les débuts de la Révolution. Mais en présence des excès qui se commettaient chaque, jour plus graves, il avait évolué. Président de l'Assemblée nationale les 5 et 6 octobre 1789, il avait montré une grande fermeté à l'égard des émeutiers. Il avait émigré en 1790. Rentré en France après le 18 Brumaire, il fut nommé préfet d'Ille-et-Vilaine, puis conseiller d'État. Il mourut à Rennes en 1806. On a de lui, entre autres, un ouvrage intitulé : *Recherches sur les causes qui ont empêché les Français de devenir libres* (Genève, 1792, in-8º).

deux ou trois fois à Grenoble chez le marquis de Pina, mon oncle. Sans que mes opinions politiques fussent très exagérées, je rapprochais involontairement ces premiers fauteurs de la révolution de leurs épouvantables successeurs.

« Les crimes horribles dont nous gémissons, dis-je en élevant la voix, ne sont en fait que les conséquences inévitables des actes encouragés au début par de prétendus réformateurs. »

Et je développai en phrases banales ce lieu commun si souvent repris depuis.

M. Mounier avait jeté sur moi, dès le premier mot, un regard inquisiteur.

« Permettez-moi de vous dire, Monsieur, répartit-il après un moment de silence, que pour un jeune homme d'une figure aussi heureuse que la vôtre, je vous trouve des opinions un peu amères. »

Il continua en faisant la distinction nécessaire entre ceux qui avaient demandé des réformes utiles et mêmes indispensables, et les hommes de passion et de violence qui n'avaient pas hésité à franchir les limites éternelles qu'impose la loi morale.

Je sentis la difficulté de répondre à cette petite harangue, qui m'était adressée. Je me rejetai alors sur les douloureux spectacles que j'avais eu sous les yeux.

« Il est bien permis, dis-je, de ressentir un peu vivement des malheurs dont les conséquences sont déchirantes. »

Et je me mis à peindre en traits assez vifs les misères de l'armée de Condé et particulièrement celles des hôpitaux, où les malades, les blessés et les mourants étaient souvent entassés sans recevoir les secours les plus nécessaires. On y avait vu des cadavres abandonnés pendant plusieurs jours, faute d'avoir des hommes de peine pour les enlever. On ne me répondit rien, et la conversation prit un autre cours.

Après le souper, je m'approchai du grand poêle qui orne presque toujours la salle des hôtelleries en Suisse. M. Mounier vint aussitôt à moi, et me demanda fort courtoisement de quelle province j'étais. Au lieu de lui dire que ma famille était provençale, je trouvai plus piquant de lui dire que j'étais dauphinois, me couvrant ainsi de la patrie de ma mère.

« Mais, Monsieur, me dit-il avec beaucoup de surprise, moi aussi, je suis dauphinois.

— C'est possible, répondis-je en affectant de ne pas le connaître.

— Mais de quelle ville?

— De Grenoble.

— Mais je suis aussi de Grenoble ! Oserai-je, Monsieur, reprit-il, piqué au vif, oserai-je vous demander votre nom?

— Ma mère, dis-je, est Mlle de Pina.

— Comment, Monsieur, s'écria-t-il, mais je suis, je puis dire, très lié avec Messieurs vos oncles ! Je suis Mounier, et j'ai conservé avec votre famille des relations des plus intimes. »

Je jouai l'étonnement à ce nom qui aurait peut-être appelé des excuses que je ne jugeai pas à propos de lui faire.

« D'après la sévérité de vos opinions, reprit-il, je n'oserais pas vous engager à me donner l'occasion de vous voir demain matin; mais voilà lord Hawke, — et il me présentait un jeune Anglais, long, maigre et sans physionomie — qui voyage avec moi, et qui serait fort heureux si vous vouliez accepter demain à déjeuner avec lui. »

Je fus très touché de cette prévenance, mais je refusai en m'excusant sur la longueur de notre journée de marche qui devait commencer à la pointe du jour. M. Mounier reprit avec plus d'insistance que nous déjeunerions à huit heures du matin, et que mon compagnon de voyage serait des mieux accueillis. Touché de cette insistance bienveillante, j'acceptai l'invitation.

Lorsque j'arrivai le matin, M. Mounier vint au-devant de moi, et me dit que je lui avais fait un tableau si déchirant de la misère de mes malheureux compagnons d'armes, qu'il en avait été préoccupé toute la nuit. Il était douloureusement affecté de ne pouvoir y porter aucun remède.

« Vous le voyez, me dit-il, j'ai été obligé, pour faire vivre ma famille, de me charger de l'éducation de ce jeune seigneur. Mais j'ai des amis qui ont conservé assez d'aisance pour consacrer une partie de leur revenu à venir au secours des malheurs que les derniers événements ont multipliés. Si vous me le permettez, je leur ferai connaître ceux que vous m'avez dépeint si vivement, et je ne doute pas qu'ils s'empressent à leur procurer quelque soulagement. »

Je fus touché jusqu'aux larmes d'une bonté que

mes irritantes paroles n'avaient pas méritée. Je cherchai à réparer mes torts en lui exprimant toute ma reconnaissance; nous nous quittâmes en toute cordialité et avec l'expression réciproque d'une amitié que le temps aurait dès longtemps consacrée.

Je continuai ma route en me dirigeant vers Schaffhouse, où j'avais donné rendez-vous à mon bon cousin M. de Bozas, fils unique d'une sœur aînée de ma mère. Après la campagne des Princes, il s'était retiré à Constance, voulant profiter de la première occasion de rejoindre sa famille. Quoiqu'il fût de quelques années plus âgé que moi, nous étions unis par une amitié presque fraternelle.

Nous passâmes trois jours ensemble, sans guère nous occuper de ce qui pouvait arriver autour de nous. Cependant, une figure étrangère, qui s'asseyait tous les jours à notre table d'hôte, finit par attirer notre attention. C'était un homme d'environ trente ans, aux cheveux noirs coupés en tête ronde, ce qui était alors regardé comme la coiffure des Jacobins. Sa figure était remarquable, ses yeux très expressifs. Il portait à l'index de la main gauche un anneau en or, du genre de ceux qu'on a appelés plus tard « bagues à la chevalière ». Il prenait ses repas avec nous, mais sans dire un mot. Nous étions intrigués de savoir quelle était cette apparition, et j'eus la hardiesse un jour, après dîner, de m'approcher et de lui adresser la parole. Mais des très brèves réponses que j'obtins, je ne pus rien démêler, sinon qu'il entendait très bien le français; mais qu'il le parlait avec un accent étranger dont je ne pouvais pas déter-

miner l'origine. J'ai retrouvé plus tard ce personnage,
— le comte Batowski, — qui a eu une sorte de notoriété dans le monde, et dont j'aurai l'occasion de
reparler en racontant d'autres événements de ma
vie.

Les moments passés avec mon cher cousin me
parurent bien courts. Encore ne pouvais-je pas prévoir que je le voyais pour la dernière fois. Ce malheureux jeune homme rentra bientôt en France, et vint
à Paris, où il ne tarda pas à ébaucher un projet de
mariage considérable pour la naissance et la fortune.
Il s'agissait de Mlle de Choiseul-Gouffier, qui devint
plus tard la comtesse de Belmont. Il était agréé,
lorsque le 18 fructidor vint aggraver de nouveau la
situation des émigrés, et le contraindre à sortir de
France. Il obtint, par ses amis, la faveur d'être placé
à la suite de l'ambassade de la République à Turin.
Mais cette position ne satisfaisait pas son immense
désir de revenir en France, pour mettre le dernier
sceau au mariage qu'il désirait si vivement. Un de
ses amis, M. de Sussy, qui partait avec le général
Bonaparte en qualité d'intendant général de l'armée
d'Égypte, proposa à M. de Bozas de l'accompagner en
lui donnant l'espoir qu'après quelques mois de séjour
en Afrique, il obtiendrait sa radiation de la liste des
émigrés par le crédit du général. Mon cousin accepta
cette chance, — il en eût accepté de plus douteuses
pour atteindre le but de ses vœux, — et fut employé
dans les carrières civiles de l'administration française en Égypte. Il y passa quinze ou dix-huit mois,
après lesquels le général Bonaparte expédia M. de

Sussy en France sur une frégate qui fut chargée de précieuses antiquités. M. de Bozas, muni des lettres les plus favorables du général, demandant positivement au Directoire la radiation du jeune émigré, s'embarqua sur la frégate avec son ami. Les vents contraires les forcèrent à aborder à Augusta, petit port situé sur la côte méridionale de la Sicile. Internés au lazaret, ils jugèrent convenable de faire débarquer les caisses qui renfermaient les objets précieux que l'humidité du bâtiment aurait pu détériorer. Ils ignoraient que dans le même temps, le roi de Naples avait fait une levée de boucliers contre la faible armée française qui occupait une partie de ses États, l'avait attaquée, et repoussée jusqu'aux portes de Rome. Cet événement avait causé une grande fermentation dans le royaume des Deux-Siciles, et elle avait gagné le port d'Augusta. Le peuple de cette ville s'émut à l'idée que des Français débarquaient des caisses qui pouvaient contenir des armes ou des trésors. La faible garnison napolitaine, incapable de résister au mouvement populaire, et peu disposée d'ailleurs à s'y opposer, fut rapidement investie. Les Français, enfermés sans aucun moyen de défense, furent massacrés. On a dit que M. de Sussy fut tué sous le lit où il s'était caché, et mon malheureux cousin poignardé dans les rideaux où il cherchait à se dissimuler. — Triste et cruelle destinée, qui m'a rendu plus cher le souvenir des derniers jours que j'avais passés avec lui.

XIV

Je rejoignis le corps des Chevaliers de la Couronne
au moment où il quittait la Forêt-Noire pour se
rendre au bord du Rhin, où nous ne fûmes employés
qu'à une campagne d'observation.

Je n'avais pas tout à fait oublié la petite aventure qui avait marqué mon passage à Zurich. Mais
j'étais loin de soupçonner l'importance qu'elle devait
avoir dans les débuts de ma vie. Pour l'expliquer,
je dois remonter un peu plus haut.

M. Mounier, sorti d'une honnête famille de mar-
chands à Grenoble, avait fait ses études pour suivre
la carrière du barreau. Il était devenu avocat de la
ville, et le hasard l'avait conduit à creuser les ouvrages
de de Lolme, Blackstone et quelques autres, où il
avait acquis des vues très complètes sur la constitution et la législation anglaises. Lorsque l'esprit d'in-
novation eut étendu ses progrès, particulièrement en
Dauphiné, les plus zélés novateurs formèrent des
assemblées — d'ailleurs illégales — composées des
trois États, au château de Vizille, près de Grenoble.
M. Mounier y fut remarqué par son zèle et par
quelques connaissances qui manquaient au plus
grand nombre. Il se trouva ainsi désigné pour la dépu-
tation aux États généraux, et fut tout de suite en

communauté d'idées avec ceux de ses collègues qui
voulaient adapter à notre vieille France des institutions que le temps, les mœurs et les événements
avaient formées en Angleterre. MM. de Lally-Tolendal, Malouet, Mounier furent un moment les chefs
de ce parti et les révolutionnaires modérés des débuts.
Mais bientôt ils furent dépassés et ce fut en vain
qu'ils voulurent résister à d'autres entraînements.
Ayant perdu dans l'Assemblée l'influence qu'ils
avaient exercée un moment, ils eurent la vanité de
croire qu'en se retirant dans les provinces qui leur
avaient accordé une certaine popularité, ils pourraient les entraîner à se prononcer contre l'Assemblée Nationale. Mounier revint en Dauphiné; mais
il ne fut pas longtemps à s'apercevoir que le torrent
des idées révolutionnaires débordait de toutes parts.
Poursuivi par ceux qui voulaient pousser la révolution aux extrêmes, il fut obligé de sortir de France
pour mettre en sûreté sa famille, et se retira à Lausanne, où se trouvaient réunies un assez grand
nombre de familles françaises, que des motifs divers
avaient décidées à l'émigration.

M. Mounier y retrouva quelques-unes des personnes qu'il avait connues à Paris, et qui s'étaient
attachées à lui par conformité d'opinions. De ce
nombre était la princesse d'Hénin, amie de
M. de Lally-Tolendal qui s'y trouvait avec elle.
Mme d'Hénin avait été dame de la reine Marie-Antoi-
nette, et avait un moment lutté de crédit et de faveur
avec la duchesse de Polignac, qui l'avait emporté sur
sa rivale. C'est ainsi que la princesse d'Hénin s'était

trouvée dans cette première opposition à la Cour qui l'avait jetée dans le parti des réformes, dirigé par M. Mounier. Une amie de Mme d'Hénin, la duchesse de Bouillon, se trouvait aussi à Lausanne avec le prince Emmanuel de Salm, son parent et son ami. Mme la duchesse de Bouillon (1), était une des personnes les plus distinguées de son rang, par son caractère, son esprit naturel, et une instruction très étendue. Elle était née princesse de Hesse-Rheinfels, de la branche catholique de la maison de Hesse, qui avait fourni des reines à la Sardaigne et au Danemark. Une tante de Mme de Bouillon avait épousé le prince de Condé, père du dernier qui a porté ce nom. Elle était morte sans laisser de postérité. La princesse Hedwige de Hesse-Rheinfels avait été sacrifiée par ses parents, qui lui avaient fait contracter un mariage moins considérable. Elle avait épousé le dernier duc de Bouillon, malheureuse créature difforme, cul-de-jatte, et à moitié idiot. La destinée des princesses allemandes les condamnait en général à s'asseoir sur un trône ou à vivre pauvre chanoinesses de quelque misérable chapitre germanique.

(1) Hedwige-Éléonore-Christiane, fille de Constantin, landgrave de Hesse-Rheinfels, née en 1747, mariée en 1764 à Jacques-Léopold-Charles-Godefroy, dernier duc de Bouillon. D'abord titrée princesse de Bouillon, elle prit le titre de duchesse à la mort de son beau-père, en 1792. Émigrée, comme on le verra ci-après, elle revint en France et mourut à Paris le 27 mai 1801, un mois environ après son retour. Son mari mourut en 1802, fort incommodé dans ses affaires.

Tel avait été notamment le sort des deux sœurs de la duchesse de Bouillon.

Les personnes les plus distinguées avaient bientôt formé la société naturelle et intime de la duchesse de Bouillon. La princesse de Poix, fille et unique héritière du maréchal de Beauveau, était une des plus spirituelles et des plus aimables. La duchesse de Lauzun, qui était Boufflers en son nom, réunissait tous les charmes de la douceur et de la vertu la plus éprouvée. Enfin, la princesse d'Hénin, dont j'ai déjà parlé, brillait par d'autres qualités : une grande vivacité de caractère, et des passions ardentes. C'était une amie dévouée, et une ennemie irréconciliable. Ces dames, unies par leurs ressemblances — et peut-être aussi par leurs différences, — vivaient dans la plus parfaite intimité, se réunissaient tous les jours, et formaient une société à part de la Cour, qu'on appelait *la Société des quatre Princesses*. Par cela seul qu'elles n'étaient point de l'intimité que la Reine s'était faite avec Mme de Polignac et quelques autres, elles se trouvaient dans une sorte d'opposition au moment où se formaient les partis de la Révolution. Leurs idées s'orientaient vers les réformes qui flattaient les meilleurs esprits. C'est ainsi que les membres de l'Assemblée Nationale, qui soutenaient ces réformes, furent attirés et appréciés dans cette société si distinguée.

Mme de Bouillon faisait de temps en temps des voyages en Allemagne pour y revoir sa famille et allait visiter les princesses ses sœurs dont l'une était abbesse du chapitre de Thorn, près de Ruremonde.

Elle s'y trouvait au moment où on s'occupait beaucoup des désastres de fortune survenus à une noble famille du pays. La mère avait été avant son mariage chanoinesse du même chapitre. Cette famille, alliée aux plus grandes maisons de la Westphalie et du duché de Berg, était française et d'origine normande. C'était une branche des Folleville de Normandie que les événements avaient transplantée en Allemagne d'une manière singulière. Après une des pacifications qui suivirent les guerres de religion en France, un des princes de Rohan, qui avait commandé les armées protestantes, fut forcé de s'exiler, et se retira en Westphalie. Un jeune Folleville qui lui avait été attaché en qualité de page, avait accompagné le prince dans son exil. Sa fortune était perdue en France; ses parents en avaient hérité en vertu de sa mort civile. Mais il était aimable et brillait par ces qualités que les Allemands admirent davantage parce qu'elles leur sont plus étrangères. Il rencontra une jeune comtesse de Metternich et eut le bonheur de s'en faire remarquer, au point qu'il crut pouvoir la demander en mariage. Les parents de la jeune comtesse, touchés des sentiments qui attachaient ces deux cœurs ingénus, consentirent à leur union, mais à la condition que le jeune de Folleville rentrerait dans le giron de l'Église catholique. Le jeune Français était trop épris pour s'arrêter à une semblable difficulté. L'amour le décida à faire ce à quoi il n'avait pu être contraint par la perte de tout son avoir. Il fonda dans cette partie de l'Allemagne, et particulièrement dans la Gueldre prussienne, une maison qui se soutint par de belles alliances et une fortune suffisante jusque vers l'époque dont je parle. Mais alors des procès interminables, et ruineux parce qu'il fallait les soutenir au Conseil aulique de Vienne, ébranlèrent et finirent par détruire entièrement la fortune du baron de Folleville. Pendant ses longues absences, sa famille, composée d'un fils et de plusieurs filles, s'était trouvée sans ressources, et son retour ne fit que confirmer une ruine complète. L'intérêt général qu'inspirait cette honorable famille, et particulièrement la respectable mère, fut partagé par la duchesse de Bouillon. Elle n'avait jamais eu d'enfants et n'avait aucun espoir d'en avoir; avec bonté, elle proposa de se charger de l'éducation d'une des jeunes filles. On lui proposa l'aînée, âgée de quatorze à quinze ans, et qui s'annonçait fort belle. Mme de Bouillon se rendit dans la famille, et trouva que la fille aînée était déjà trop formée pour se plier à une nouvelle éducation. L'une des plus jeunes, qui avait six ou sept ans, les cheveux ébouriffés et l'air un peu sauvage, vint appuyer ses coudes sur les genoux de la duchesse pour la voir de plus près. Ces singulières avances déterminèrent la visiteuse.

« Il me semble, dit-elle, que celle-ci me choisit. Veux-tu venir avec moi à Paris, ma petite? »

La petite fille répondit en flamand; elle ne savait pas d'autre langue. Elle déclara qu'elle ne voulait pas quitter sa mère. Toutes les instances qu'on put faire ne servirent qu'à amener des pleurs. Cependant vers la fin de la journée, la princesse la prit sur ses genoux.

« Tu verrais de bien belles choses à Paris, lui dit-elle; il y a surtout un homme de cuivre (*eine Kupfer mann*) qui est magnifique ! »

Une si bonne raison décida l'enfant: et quelques jours après elle partait pour Paris avec la princesse.

XV

Les amies de Mme de Bouillon s'étonnèrent fort
de la voir arriver ainsi accompagnée, et bientôt il
ne fut question que l'intérêt apporté dans sa vie
par cette jeune et nouvelle affection. La petite Thérésia s'étonnait de tout et à chaque objet nouveau,
elle disait : « *Was das?* Qu'est-ce que cela? » si bien
que la princesse l'avait baptisée *Was das*. Mais bientôt le piquant d'un tel amusement et de la curiosité
dont il s'accompagnait fit place à la plus tendre affection. Tous ses instincts de maternité qui n'avaient
pu se développer faute d'emploi, l'attachèrent à sa
jeune élève. Il lui semblait que cette parenté d'élection devait être plus tendre que celle de la nature.
Elle soignait sa santé, son éducation, et le développement de ce jeune esprit avec une égale et tendre sollicitude. Elle jouissait de cet enfantement moral, et
son sentiment semblait s'exalter à mesure que la
jeune personne se développait sous l'influence de
ses rayons bienfaisants, et que ce jeune cœur s'épa-
nouissait à la douce chaleur de la tendresse qui l'environnait.

Mlle de Folleville grandit ainsi auprès de sa mère
adoptive, et elle était auprès d'elle lorsque les progrès de la Révolution et les inquiétudes qu'elle inspirait engagèrent la princesse de Bouillon à se reti-

rer en Suisse avec son cousin, le prince Emmanuel de Salm. Ce n'était point un projet d'émigration, mais un voyage qu'on supposait de peu de durée, comme les événements qui le motivaient. Mme la princesse d'Hénin était venue, avec M. de Lally-Tolendal, rejoindre son amie. La duchesse de Lauzun avait cherché un asile momentané en Angleterre. En même temps, M. Mounier, de son côté, était arrivé à Lausanne avec sa famille. Logés à la campagne les uns auprès des autres, leur vie prit un caractère de véritable intimité.

Mais le temps passait, et la Révolution qui allait en progressant autorisait les plus sinistres présages. Elle prenait chaque jour un plus terrible développement. Après deux années passées en Suisse, la princesse pensa que si son exil devait se prolonger, elle ferait mieux de choisir un séjour plus convenable, et de se rapprocher de sa famille. Les États du landgrave de Hesse-Rheinfels son frère étaient pour elle un asile plus naturellement justifié, et en même temps plus économique. Les gens d'affaires de la maison de Bouillon profitaient de la difficulté des circonstances pour retarder de plus en plus l'envoi des fonds qui lui étaient dus. La principale fortune du prince de Salm était en Espagne, où il avait servi, attiré par la grande influence de sa sœur, la duchesse de l'Infantado; et dès lors, la guerre déclarée entre la France et l'Espagne rendait ses revenus fort incertains. Le landgrave, enchanté de voir sa sœur se rapprocher de lui, offrit toutes les facilités d'un confortable établissement dans sa petite capitale de Rothembourg, ce qui fut aussitôt accepté.

Au moment de partir, la duchesse de Bouillon s'ouvrit à M. Mounier, avec toute la confiance de l'amitié. Parmi les regrets que lui causait le prochain départ, elle envisageait surtout l'éloignement où elle allait se trouver d'un centre important d'émigration, où elle avait espéré trouver un jeune homme à qui elle eût pu confier le bonheur et l'avenir de sa fille adoptive. En effet, et dans les circonstances données, on ne pouvait songer à choisir qu'une personne d'opinions et d'intérêts semblables à ceux de la duchesse, c'est-à-dire un émigré. Or, le landgrave de Hesse-Cassel, chef de la maison de Hesse, était au nombre des princes allemands qui avaient interdit l'entrée et le séjour des émigrés français dans leurs états.

« Ma santé, disait la duchesse à M. Mounier, est plus affaiblie que mon âge ne le comporte. Que deviendrait mon enfant, si je venais à lui manquer? Elle serait sans appui, sa famille ne pouvant pas en être un pour elle ! »

Mme de Bouillon avait reconnu en M. Mounier un jugement droit et sain, et un grand esprit d'observation pour juger les hommes et discerner les caractères. Elle lui demanda instamment de l'aider dans l'accomplissement du devoir qu'elle s'était imposé. Puis elle partit pour la Hesse où elle passa les dix-huit mois qui suivirent. Mais l'humeur voyageuse du prince de Salm s'accommodait fort mal d'un séjour aussi tranquille et aussi prolongé. Il chercha je ne sais combien de raisons pour décider Mme de Bouil-

lon à quitter la Hesse et à s'établir à Erfurt. C'est de
là qu'elle continuait avec M. Mounier une correspondance assez suivie. Le hasard voulut qu'il reçût
en ce temps une lettre où elle lui rappelait la demande qu'elle lui avait faite avant son départ de
Lausanne, et c'était le jour où j'arrivais moi-même à
Zurich qu'il s'occupait de répondre à la duchesse, en
lui disant combien il était difficile d'arriver à satisfaire les désirs qu'elle lui exprimait. « Le choix d'un
mari, disait-il, serait déjà délicat dans les circonstances ordinaires. Mais comment trouver une quatrième personne qui puisse convenir à un intérieur
tel que le vôtre, à vos sentiments si distingués, à vos
mœurs si élégantes, à vos esprits si cultivés? En vérité,
c'est une entreprise qui me paraît au-dessus de mes
forces... »

Cette lettre était à peine terminée, le jour où j'avais
déjeuné avec M. Mounier, et conformément à l'engagement qu'il avait pris avec moi, il décida d'y
ajouter un post-scriptum : « Je viens de rencontrer ici
un jeune homme fort intéressant. Il sert à l'armée de
Condé. Il m'a exposé de la manière la plus touchante
les misères de l'émigration, et particulièrement celles
qu'il a sous les yeux. Si vous et le prince de Salm
vouliez appliquer de ce côté les bienfaits que vous
vous plaisez à répandre, je serais sûr qu'ils seraient
bien employés par ce brave jeune homme, M. de
Vitrolles, dont l'honorable famille m'est très connue. »

La lettre partit ainsi. Mme de Bouillon, en la recevant, fut frappée de la contradiction qui se trouvait
entre le post-scriptum où on parlait d'un jeune

homme intéressant, et les premières lignes, où se trouvait affirmée la difficulté de trouver la personne qui satisferait à ses vœux de mère adoptive. En adressant quelque temps après à M. Mounier la petite somme qu'il avait sollicitée, Mme de Bouillon, rapprochant le commencement et la fin de cette lettre, ne put s'empêcher de lui écrire ceci : « Il faut donc que cet homme intéressant, ce M. de Vitrolles soit marié... »

La correspondance qui suivit à ce sujet donna à Mme de Bouillon les informations qu'elle demandait, et elle voulut, de son côté, avoir tous les renseignements qu'elle pouvait obtenir par les personnes de sa connaissance qui servaient à l'armée de Condé.

C'était le moment où l'Angleterre formait plusieurs régiments d'émigrés français pour augmenter ses forces en Allemagne. Elle en avait accordé l'organisation et le commandement aux noms les plus marquants de l'émigration. C'est ainsi que le duc de Choiseul était chargé de recruter un régiment de hussards, et que d'autres seigneurs de même rang avaient reçu de semblables missions. Ces messieurs, cherchant à compléter leur corps d'officiers, avaient appelé quelques-uns de nos camarades de l'armée de Condé. Ces places étaient très enviées. La solde anglaise était bien supérieure à celle de toutes les autres armées, et paraissait une fortune pour nous autres pauvres Condéens qui depuis le premier jusqu'au dernier ne recevions que onze sols par jour pour tous appointements.

Il y avait à peine un mois que j'avais rejoint le

corps des Chevaliers de la Couronne, en ma qualité de porte-guidon, lorsque je reçus une lettre de M. Mounier, renfermant le secours qui lui avait été adressé par la duchesse de Bouillon. Je le distribuai le mieux qu'il me fut possible.

Le comte de Bussy, mon colonel, me traitait avec une bonté toute particulière, et m'appelait souvent auprès de lui. A quelque temps de là, il me dit un jour qu'on était venu prendre auprès de lui des informations sur moi. C'était, me dit-il, le comte de Caylus. Une seconde fois, c'était un autre. M. de Bussy n'en savait pas les motifs, et je me flattais un peu que ces demandes de renseignements n'avaient d'autre but que de m'offrir une place dans un des corps formés à la solde de l'Angleterre. Il me semblait que le grade que j'occupais dans le corps des Chevaliers de la Couronne pouvait bien me donner droit à une compagnie de cavalerie. Les appointements, disait-on, s'élevaient à dix ou douze mille francs. Mais rien de semblable ne se révélait, et lorsque M. de Bussy me dit une troisième et une quatrième fois, qu'on était venu prendre de nouvelles informations, je lui dis avec un peu d'humeur que je le priais de me renvoyer désormais ceux qui viendraient s'enquérir de moi, et que je me chargeais de leur répondre.

Je fus bientôt distrait de cette préoccupation par la nouvelle destination qui me fut donnée.

XVI

Le comte de Bussy avait imaginé une belle et très
utile spéculation militaire. Il était allé l'année précédente auprès du prince de Saxe-Teschen, commandant en chef l'armée de l'Empire. Cette armée était
composée de contingents fournis par tous les princes
du Saint-Empire romain; mais quelques-uns d'entre
eux, et particulièrement ceux qui ne voulaient pas
compromettre leur situation politique, au lieu de
faire leurs prestations en hommes, les faisaient en
argent. Le roi de Danemark, par exemple, étant en
paix avec la France, fournissait à l'armée de l'Empire les sommes nécessaires pour lever le contingent
qu'il devait en sa qualité de duc d'Holstein.

M. de Bussy obtint de former un corps de seize
cents chevaux qui devaient faire partie de ce contingent. Il se chargeait de lever ce corps, de recruter les
hommes, de fournir les chevaux, l'armement, d'instruire les cavaliers, enfin de les mettre sur pied dans
le cours de l'année. Les sommes qu'on payait en
pareil cas étaient considérables, et le renouvellement
de ces capitulations d'année en année pouvait faire
une véritable fortune à ceux qui les obtenaient. Pré-
voyant cette organisation, M. de Bussy avait réuni
à la suite du corps des Chevaliers de la Couronne
environ cent cinquante recrues composées de jeunes

Alsaciens, pris parmi ceux qui s'étaient refugiés en Allemagne lors de notre retraite d'Alsace, d'Allemands levés dans le pays que nous occupions, enfin de déserteurs de l'armée française qui nous arrivaient quelquefois en assez grand nombre.

M. de Bellescize et moi nous fûmes choisis par M. de Bussy pour commander et former ces jeunes recrues. Tous deux nous étions porte-guidons des Chevaliers de la Couronne, et partant, moins absorbés dans le service de ce corps. Lorsque M. de Bussy eut signé sa capitulation, nous nous séparâmes de l'armée de Condé. On nous donna des cantonnements en Souabe, dans le pays de Wurtemberg et aux environs. J'avais été nommé premier lieutenant dans le corps des chasseurs de Bussy, avec promesse d'avoir bientôt le commandement d'une compagnie. En attendant, j'étais chargé de tous les détails de l'habillement, ce qui n'était pas une petite besogne lorsqu'il s'agissait d'un corps aussi nombreux.

Un événement fâcheux survint dans un de nos cantonnements à Mühlbach, dans le duché de Wurtemberg. Les paysans s'étaient ameutés contre les chasseurs d'une compagnie de notre régiment, à peine formée, et les choses en étaient venues au point que le capitaine qui la commandait avait été saisi et fort maltraité par ces furieux. Ils avaient eu de leur côté plusieurs hommes blessés. Le major qui avait en ce moment le commandement du régiment, me désigna pour aller immédiatement, et cela au milieu de la nuit, remplacer le capitaine qu'on ramenait meurtri et blessé. J'avais à rétablir l'ordre, à continuer l'organisation de la compagnie, à suivre l'instruction des hommes et des chevaux, à recevoir l'armement, l'équipement, etc., enfin à mettre la compagnie en état de passer, sous trois semaines, la revue du général chargé de faire l'inspection de la première division des chasseurs de Bussy, qui se composait de quatre cents chevaux.

J'étais dans tout le feu de ces diverses occupations, lorsque je reçus une lettre de ma mère, qui m'en envoyait une très longue adressée par M. Mounier à son frère aîné, le marquis de Pina. Il détaillait la position de Mlle de Folleville auprès de la duchesse de Bouillon, et ses rapports avec le prince de Salm, ainsi que ses espérances de fortune; il disait que « d'après les renseignements qu'on avait pris sur moi, et qui s'étaient trouvés des plus favorables, on paraissait désirer que je me présentasse pour demander la main de Mlle de Folleville, on exprimait seulement le désir que j'allasse passer quinze jours en Suisse, auprès de M. Mounier », — sans doute pour me soumettre à sa judicieuse critique.

Ma mère, en m'envoyant cette lettre, ne préjugeait en rien ma détermination, et ne me donnait ni avis ni conseil. Elle me laissait seul juge d'une détermination si importante, — et j'avais à peine vingt ans !

Ma première impression fut toute d'étonnement. Je ne vis là tout d'abord qu'une aventure singulière, qui séduisait par moments mon imagination; mais dans les préoccupation de métier où je me trouvais, je n'y attachai pas une extrême importance. Je répondis à ma mère que je ne pouvais en ce moment quitter mon régiment; que nous devions passer sous peu de jours la revue du général inspecteur, et bientôt après entrer en campagne; enfin qu'il m'était impossible pour le moment de penser à faire le voyage de Suisse. Je répondais à sa réserve par un silence complet sur la question du mariage. — Je reçus bientôt une lettre que M. Mounier avait adressée en réponse à ma famille, où il renonçait à mon voyage en Suisse. et m'engageait à profiter du temps qui nous séparait de l'ouverture de la campagne pour me rendre à Erfurt, où je serais attendu par Mme la duchesse de Bouillon.

Cependant, nous passâmes la revue du général. La compagnie que j'avais organisée fut trouvée l'une des plus belles, et le comte de Bussy me témoigna toute sa satisfaction. Il me combla d'éloges et me promit que la campagne ne s'ouvrirait pas sans que j'eusse une compagnie. — Sans avoir formé aucun projet, je trouvai assez piquant de lui raconter la proposition de mariage qui m'était faite. Je lui fis lire la lettre de M. Mounier qui en expliquait les avantages. Il m'en félicita de tout son cœur, et m'encouragea vivement à poursuivre cette aventure. Je pouvais accomplir ce voyage en trois semaines. Ce fut là, et pour ainsi dire par hasard, que je pris la détermination de partir. Je crus devoir annoncer ma résolution à ma mère, en la priant de la faire connaître à M. Mounier. Je demandais seulement à celui-ci que Mlle de Folleville ne fût point instruite du motif qui m'amenait auprès d'elle.

Je fis en peu de jours mes préparatifs de voyage, et je pris mes uniformes, neufs et assez élégants, tels que je les avais composés moi-même pour le régiment des chasseurs de Bussy : un frac de chasseur vert, gilet et pantalon écarlates ornés de tresses et de galons en argent, comme les uniformes de hussards. Notre coiffure était un bonnet de uhlan, en velours vert, orné de tresses en argent. Je fis une petite provision de numéraire, à peu près suffisante. La seule manière de voyager était celle qu'on appelle, en Allemagne, par *extra-post*, c'est-à-dire en prenant à chaque relais deux chevaux et une calèche fournis par le maître de poste.

Je voyageais assez rapidement, et j'arrivai, l'après-dîner du second jour, à une petite ville qui appartenait, je crois, au duché de Würtzbourg et qui s'appelle Köenigshoffen-an-der-Tauber. La journée avait été pluvieuse, mon postillon — ou plutôt mon cocher — était un jeune garçon de quinze ans. Nous nous trouvâmes au bord d'une rivière — c'était, je crois, la Tauber elle-même — dont les eaux étaient grossies d'une manière effrayante. J'en fis l'observation à mon conducteur; mais il m'assura que nous pourrions la traverser en toute sûreté. A peine étions-nous engagés dans ce torrent, que l'eau dépassa le moyeu des roues, et s'élevant à mesure que nous avancions, finit par entrer dans la calèche. Je ne vis d'autre ressource que de m'attacher à la capote en posant les pieds sur la banquette de l'intérieur. Nous n'étions pas encore au milieu de la rivière. Déjà les flots venaient battre la voiture avec violence en lui imprimant des secousses qui menaçaient de la renverser. Mon malheureux postillon avait la tête perdue, et s'écriait, dans son affolement : « Nous sommes morts ! nous sommes morts ! » Je ne voyais pas d'issue à notre déplorable situation lorsque tout à coup l'un des deux chevaux tomba et disparut sous l'eau. Cet accident, qui devait nous perdre, fut au contraire notre salut. Le cheval qui était resté debout tiré par celui qui se débattait sous l'eau se retourna, faisant face au courant, ce qui donnait moins de prise sur la voiture, et l'autre cheval parvint à se relever par ses propres efforts. Ils nous conduisirent, en remontant la rivière, sur le bord dont nous étions partis. Lorsque je me vis assez près de cette rive qui était taillée à pic au-dessus de l'eau, je pris mon plus bel élan et sautai sur la terre ferme. Je n'en avais pas moins été mouillé jusqu'à la ceinture.

Je me réfugiai dans un moulin du voisinage, d'où j'envoyai du secours à mon pauvre équipage. Plus tard, les eaux ayant baissé, on me fit traverser sur un petit pont à pied sec, et la voiture ayant trouvé un meilleur gué arriva en même temps que moi à l'auberge de Köenigshoffen.

Après le salut de ma personne, ce qui m'importait le plus était celui de mon portemanteau qui renfermait tous mes beaux équipements. Je le retrouvai, mais tellement mouillé que l'eau en découlait par toutes les fentes. Je voyais déjà mes pauvres vêtements écarlates tachés de bleu et de violet. Cependant je fis allumer le plus grand feu possible, dans le grand poêle de ma chambre, et défaisant mes hardes une à une, je les étalai sur mon lit et sur tous les meubles, séchant de mon mieux avec des serviettes les habits verts et rouges. On me servit à souper dans cette espèce d'étuve. Le vin de Franconie me monta à la tête et me jeta dans une singulière disposition d'esprit. L'étonnante aventure que je courais ne me parut plus que ridicule. J'avais d'abord trouvé que c'était joli d'aller me présenter moi-même pour un mariage auquel tant d'autres auraient pu prétendre avec plus de droits que moi, et plus d'avantages à offrir. Enfin, me promenant en long et en large, je raisonnai si bien que je me décidai à retourner le lendemain même à mon régiment. Je me réveillai dans la même résolution, et si, en entrant dans ma chaise de poste, le cocher m'avait demandé où il devait aller, je lui aurais certainement dit de retourner en arrière. Mais il ne parla point, fouetta ses chevaux, et décida ainsi d'une part importante de ma destinée.

XVII

Je continuai donc sur la route d'Erfurt, voyageant fort incommodément, et j'arrivai à quelques postes où il n'y avait pas de calèches. Alors on me mettait à cheval, précédé d'un postillon qui attachait en croupe mon porte manteau. Suivant l'usage, il ne manquait pas, à l'entrée des villes ou villages, ou à la rencontre des voitures sur la route, de faire résonner en accents plus ou moins faux son cor de chasse. Il l'avait fait notamment à la dernière poste avant Erfurt, et j'entrai dans la ville en cet équipage et avec le même cérémonial. Je portais alors la cocarde noire et une redingote verte ressemblant à celle de beaucoup d'officiers prussiens. On me raconta dans la suite qu'au jour et à l'heure de mon arrivée, Mlle de Folleville était à sa toilette; qu'attirée à la fenêtre par le son du cor, elle s'était retirée en disant : « C'est lui ! »

Je me fis conduire à une auberge de second et même de troisième ordre, la plus conforme à l'état de ma bourse. Il m'était resté de ma soirée de Kœnigshoffen et de tous les mauvais rêves que j'y avais faits, qu'il serait raisonnable de passer deux jours à Erfurt avant de me faire connaître, et de prendre toutes les informations qu'il me serait possible d'obtenir sur cette demoiselle et ses rapports avec ses protecteurs, et même de la voir. A peine étais-je reposé et restauré, que je fis monter le maître de l'hôtel. Il connaissait très bien ces étrangers de haut rang. Il me dit que Mlle de Folleville sortait avec eux journellement, à pied ou en voiture; qu'elle allait tous les matins à la messe, et s'occupait avec un zèle admirable des secours à porter aux émigrés, prêtres et autres, qui affluaient à Erfurt. On en comptait sept à huit cents, et la plupart sans aucunes ressources.

La maîtresse de l'hôtel, consultée à son tour, ne fit qu'ajouter aux éloges que son mari donnait à la jeune personne. Raffermi par ces beaux témoignages, je fis ma toilette, et partis vers une heure et demie pour me présenter à la maison qu'occupait Mme la duchesse de Bouillon. En y arrivant, une femme de chambre de très bonne mine me dit que sa maîtresse était sortie avec le prince de Salm et Mlle de Folleville. Je revins à cinq heures, et fus introduit dans un salon. En face de moi était assise une jeune personne occupée à faire le thé; près d'elle se trouvait un homme de cinquante ans, d'une taille élevée, aux cheveux blancs d'argent, et, sur le canapé où elle était étendue, une femme d'environ quarante ans.

Le prince Emmanuel de Salm vint à moi avec l'air de la plus grande cordialité, ce qui était fait pour me rassurer. Mais ce qui y servit moins fut l'espèce d'évanouissement qu'éprouva Mme la duchesse de Bouillon, au point qu'on fut obligé de lui faire respirer des flacons, et qu'elle fut quelques minutes avant de se remettre. L'idée de voir entrer dans son salon la personne qui devait peut-être partager avec elle le cœur de son enfant chérie avait produit en elle cette violente impression, qui aurait pu m'embarrasser. Il n'en fut pas ainsi, heureusement. Elle se remit enfin; le prince me fit asseoir à côté de lui, me parla des événements de la guerre, des derniers, combats où j'avais assisté, plutôt pour me donner l'occasion de parler que pour parler lui-même. Mme de Bouillon ne se mêlait à la conversation que par quelques phrases, et Mlle de Folleville tout juste assez pour que j'entendisse le son de sa voix. Je restai à peu près trois quarts d'heure, ce qui me parut la juste mesure d'une première visite. En sortant, j'étais frappé surtout de ce ton de grande politesse, de bienveillance, et de grâce qui se révélait dans cet intérieur. J'appris dans la suite que je n'avais pas été jugé d'une manière trop défavorable. Mon premier regard, disait-on, s'était porté sur Mlle Thérésia comme un homme qui aurait voulu la saisir et la comprendre d'un premier coup d'œil.

Sa figure était agréable. Ses yeux n'étaient pas grands, mais expressifs. Sa bouche, sans être petite, ne manquait pas de grâce, et son nez était finement dessiné. Son visage était plutôt maigre et manquait de fraîcheur. Elle avait les plus beaux cheveux du monde, au point qu'elle pouvait s'en envelopper comme d'un manteau. Sa taille était mince et élégante; mais je ne l'avais point encore regardée comme une personne qui dût m'appartenir. En retour, et dans les observations qui m'avaient été favorables, on avait compté la blancheur de mes dents, qui était un point essentiel. Ensuite, la critique s'était arrêtée sur ma coiffure qu'on trouvait trop soignée; je portais, comme tous ceux de mon temps, mes cheveux de derrière noués en queue, coupés en vergette sur la plus grande partie de la tête, poudrés et pommadés; mais comme ils étaient très épais et qu'ils frisaient naturellement, ils avaient l'air d'avoir été passés au fer.

Le lendemain le prince de Salm vint me chercher dans ma petite hôtellerie. Il me dit tout le plaisir qu'on avait eu de mon arrivée, et le désir qu'on avait de me voir autant que le permettait la délicatesse de la situation. Je fus invité à venir le lendemain soir à l'heure du thé. Je devais rencontrer quelques personnes, entre autres Mme la comtesse de Tessé (1), son mari, et le comte de Mun.

Je me rendis avec empressement à ce rendez-vous. En entrant, je vis un jeune homme de la figure la plus agréable qui était debout derrière la chaise de Mlle de Folleville et qui se penchait pour causer avec elle. Pendant que je faisais les politesses d'usage à ceux que je connaissais déjà et à ceux que je ne connaissais pas encore, j'entendis ce jeune homme, trompé sans doute par ma cocarde noire, demander à Mlle de Folleville si j'étais un officier allemand. La soirée se passa dans une conversation agréablement

____

(1) Adrienne-Catherine de Noailles, née en 1741, mariée au comte de Tessé, premier écuyer de la Reine, était fille du maréchal de Noailles.

soutenue. Mme de Tessé, qui était en son nom Mlle de Noailles, passait pour un esprit fort, et avait embrassé toutes les opinions philosophiques du temps. Elle vivait au milieu de ceux qui les propageaient. Son langage avait plus de force que de grâce; il y avait une grande portée dans ses idées, et de la puissance dans ses raisonnements. Le Dr Sénac (1), homme d'un esprit supérieur, avait été son ami, et la comptait au nombre de ses plus remarquables élèves. Le comte de Tessé, son mari, lui était de tous points très inférieur, et se montrait le digne descendant de son grand-père, qui avait été la victime des plaisanteries de Lauzun et de toute la cour de Louis XIV. Le comte de Mun était depuis de longues années attaché à Mme de Tessé, même avant qu'il 'eût épousé Mlle Helvétius, et on prétendait même que ce mariage n'avait point interrompu une liaison qui se trouvait alors consacrée par le temps.

Il n'était pas rare de rencontrer à cette époque de ces attachements fondés sur la conformité des goûts et des caractères, et qui duraient de longues années, souvent jusqu'à la mort de ceux qui les avaient formés. Il semblait que la haute société s'était dégoûtée des désordres de la Régence et du commencement du règne de Louis XV. Sans pouvoir être absolument approuvées au point de vue moral, ces liaisons avaient plus de décence et de délicatesse. On les excusait par la manière dont se faisaient les unions légitimes, où l'on ne consultait que les conve-

(1) Médecin de Louis XV, père de Sénac de Meilhan.

nances de rang et de fortune. Une jeune fille sortait du couvent pour la première fois à l'âge de quinze ou seize ans, pour l'entrevue avec celui qu'elle devait épouser, et y retournait jusqu'au jour où elle était jetée dans les bras d'un mari qu'elle n'avait eu le temps ni de connaître ni d'aimer. D'ailleurs l'usage et le bon ton voulaient que le mari n'allât pas dans le monde avec sa femme, et chacun avait sa société particulière (1). Il était par suite assez naturel que le cœur d'une jeune femme s'ouvrît aux séductions qui l'entouraient, et les mœurs étaient moins blessées lorsque ce premier choix devenait un lien respecté et la consécration en quelque sorte d'une longue et fidèle amitié.

Le comte de Mun avait eu un seul fils de son union avec Mlle Helvétius, et peu à peu cet enfant était entré dans l'intimité de Mme de Tessé. Elle s'était plue à former son esprit, et le sujet avait été favorable aux leçons de cette femme supérieure. A l'époque de l'émigration ils se trouvèrent tous réunis dans une charmante habitation appelée Lowemberg, près de Morat, et sur les bords du lac de ce nom. Mme de Tessé l'avait achetée et l'avait embellie avec ce goût délicat qui était le sien. Elle avait cru passer tranquillement dans cet agréable séjour tout le temps que devait durer l'émigration. Mais bientôt

(1) « Que n'aurait-on pas dit d'un mari qui se serait cru « prié dans une maison parce que sa femme l'était ! » (*Souvenirs d'une femme de cinquante ans*, par la marquise DE LA TOUR DU PIN, t. I, p. 8).

elle dut prévoir que les progrès de la Révolution et les envahissements de la guerre s'étendraient sur tous les pays qui avoisinaient la France. Elle fit aussitôt le sacrifice de sa retraite chérie, et les yeux fixés sur la carte de l'Europe, elle mit le doigt sur le point qui devait être le plus à l'abri des fureurs de la guerre. C'était le Holstein. Les événements prouvèrent qu'elle ne s'était point trompée. Elle vendit alors Lowemberg, et acheta une belle terre dans cette province du nord de l'Allemagne (1). Elle eut aussi la pensée d'animer et de rajeunir sa retraite par le mariage d'Adrien de Mun, qui avait alors vingt et un ans. Ses relations avec la duchesse de Bouillon lui avaient donné l'occasion de connaître la jeune Thérésia de Folleville et c'est sur elle que Mme de Tessé avait jeté les yeux, avec la sûreté de vues qui lui était habituelle. Elle avait dirigé la marche de sa caravane sur Erfurt, et ne s'en était détournée que pour passer par Eisenach, où résidait le maréchal de Castries, ami fort intime de Mme la duchesse de Bouillon. Elle s'ouvrit à lui de son projet, et lui demanda d'aborder le premier cette négociation.

Mme de Tessé était arrivée à Erfurt le même jour, et presque à la même heure que moi, et je ne me doutais guère qu'elle eût amené un rival.

(1) A Wittmold, près de Plauen. La comtesse de Tessé garda cette terre jusqu'en 1802, où elle fut achetée par le comte d'Angiviller, traitant au nom du comte d'Artois. Celui-ci revendit la terre de Wittmold trois ans plus tard, par le même intermédiaire.

XVIII

Cependant Mme la duchesse de Bouillon me rapprochait peu à peu de son intimité. Je dînai chez elle, d'abord à quelques jours d'intervalle, puis plus souvent. J'y passais continuellement mes soirées en appréciant le charme de ses entretiens où le cœur et l'esprit trouvaient une égale satisfaction. L'aisance et la cordialité avec lesquelles j'étais reçu m'avaient mis en pleine confiance. Mme de Bouillon s'était accoutumée à moi et m'entretenait volontiers de toutes sortes de sujets. La grâce de son esprit avait un attrait indicible; le prince était plein de cordialité, et Mlle de Folleville, parfaitement à son aise, causait avec moi avec une facilité qui nous ôtait tout embarras.

J'y rencontrais souvent Mme de Tessé, et toute la colonie qu'elle conduisait avec elle. Je me liai en particulier avec Adrien de Mun, qui me prit lui-même en grande amitié; il venait souvent me chercher le matin pour faire avec moi de longues promenades dans les environs de la ville. J'y rencontrai aussi un autre commensal, le chevalier d'Augard : le prince de Salm l'avait connu à Paris, dans la société intime du duc de Nivernois. Il avait de grandes connaissances en littérature, et avait réuni une bibliothèque précieuse qui est restée dans la mémoire des bibliophiles. Tombé dans les misères de l'émigration, il avait été recueilli par le prince de Salm. — Tout cela s'était passé à peu près en huit ou dix jours. C'était presque la moitié du temps que je devais rester à Erfurt. Le prince de Salm vint un matin chez moi, et me dit qu'il aurait bien voulu m'éviter les ennuis de l'auberge; que dans la maison qu'il occupait sur la principale place de la ville, et vis-à-vis la demeure de Mme la duchesse de Bouillon, il avait une chambre qu'il osait à peine m'offrir; il espérait toutefois que je ne m'y trouverais pas plus mal que dans mon hôtellerie. J'y transportai mon domicile avec beaucoup de reconnaissance, et dès ce moment, j'entrai dans les habitudes de la famille.

Je me familiarisais ainsi avec cet aimable intérieur, et je goûtais tous les jours davantage les charmes d'une société où la bonté avait tant de grâce et l'esprit tant d'élégance. Mlle de Folleville me traitait amicalement; mais on ne m'avait donné aucune occasion de la voir seule. Je remarquai pendant quelques jours de suite que la duchesse de Bouillon et le prince de Salm sortaient après le dîner pour faire la promenade qui était dans leurs habitudes, et que Mlle de Folleville restait à la maison.. Pressé par le peu de durée de mon séjour, je me décidai à prendre un parti assez vif. Lorsque je vis de mes fenêtres les parents s'éloigner, je franchis la place qui nous séparait et j'arrivai audacieusement, demandant à voir Mlle de Folleville. La femme de chambre qui avait ouvert la porte me parut fort troublée, et voulut faire quelque objection.

« Mais... monsieur ! » répétait-elle avec embarras.

Je la repoussai sans en écouter davantage, et me trouvai dans le salon, assis à côté de Mlle Thérésia. La conversation fut animée et contenue comme elle devait l'être. Je lui donnai l'occasion de déployer les grâces de son esprit, et au bout d'une heure, je me retirai respectueusement, ne sachant pas comment ce coup de tête serait accepté.

Il ne me fut pas difficile de juger, dès le soir même, par le bon accueil de tous, que j'avais été très approuvé. Les jours suivants se passèrent de même, et plusieurs fois le soir quand je sortais, vers onze heures, Mme de Bouillon me remettait une feuille où elle avait écrit tout ce que Thérésia lui avait dit de moi. Je trouvai dans un de ces billets un avertissement dont je n'avais pas besoin. Sa fille, disait-elle, après lui avoir parlé de nos intimes conversations, s'était écriée : « Mais, ma mère, il n'y a pas de mal à tout cela? — Non, mon enfant, avait-elle répondu; avec un homme d'honneur tel qu'il est, il n'y a aucun mal, aucun danger. » Je voyais ainsi croître en même temps l'affection que la mère et la fille m'accordaient.

Un jour que j'étais dans le salon, on apporta une lettre de Mme de Tessé. Pendant que Mme de Bouillon la lisait, je voyais sur sa physionomie expressive se peindre une sorte d'embarras. Ses regards qui se portaient par intervalles sur moi me faisaient supposer que je n'étais pas étranger au sujet de cette lettre. Je sus quelque temps après que Mme de Tessé, ayant bien jugé les progrès que je faisais, mettait en garde Mme de Bouillon contre les inconvénients du mariage de sa fille. C'était écrit avec cette vigueur de dialectique qui distinguait Mme de Tessé. Mais j'étais plus avancé que ne le supposait la mauvaise fée, et son élève était resté fort en arrière. Il avait cependant sur moi de bien grands avantages : une figure très agréable, une esprit aimable et cultivé, formé au langage de cette société dont j'approchais pour la première fois; une fortune qu'il devait et qu'il a en effet retrouvée en France, et qui était fort considérable. Elle lui venait de son grand-père, Helvétius. Enfin, il avait pour lui l'appui de Mme de Tessé, qui aurait dû suffire à lui assurer la préférence, en l'absence de tout autre mérite. Je ne sais par quel hasard il n'en fut pas ainsi. Peut-être me fut-il tenu compte de ma vie militaire qui avait de bonne heure formé mon caractère, et lui avait donné des habitudes de décision et de volonté, tandis qu'Adrien, n'ayant jamais quitté son père et le giron de son amie, n'avait en réalité jamais disposé de lui-même.

Il est une autre relation de ma vie qui date de cette époque, et que je dois rapporter ici. La ville d'Erfurt et son territoire, assez considérable, appartenaient à l'électorat de Mayence. Le Gouvernement de ce petit pays était confié au coadjuteur de l'archevêque, archichancelier de l'Empire. Le titulaire de cette grande dignité (1) ne demandait pas mieux

(1) Frédéric-Charles-Joseph, baron d'Herthal, électeur et prince-archevêque de Mayence, était un des princes allemands qui avaient fait le meilleur accueil aux émigrés (V. le malicieux portrait qu'a tracé de ce personnage le marquis DE

que d'éloigner de sa personne et de son administration l'héritier de sa principauté. C'est ainsi que
Mgr de Dalberg gouvernait le pays d'Erfurt à l'époque
où j'y arrivai. Il avait trop bien compris le charme
que lui apportaient les hôtes illustres que le hasard
avait amenés à Erfurt pour ne point cultiver leur
société. Il venait souvent chez Mme de Bouillon, et
y répandait les grâces et les finesses de son esprit, et
ce qu'il avait de plus piquant encore, la franchise et
l'abandon de sa conversation, qui contrastaient
souvent avec sa dignité et son costume ecclésiastique. Pour en citer un exemple, je lui entendais dire
un jour combien vif était son désir de retourner en
Italie, où il avait passé quelques années de sa jeunesse.

« Ah ! mon Dieu, disait-il tout à coup, comme je
les retrouverais toutes vieilles ! » Et il se mettait à
rire en toute simplicité.

La femme de son frère aîné était venue chercher
auprès de lui un asile plus assuré contre les désordres
de la guerre que la ville de Mannheim ou ses domaines, situés au bord du Rhin. Elle avait amené
avec elle ses deux filles qui étaient devenues les
amies les plus intimes de Mlle de Folleville. Leur

BOUILLÉ (*op. cit.*, t. I, pp. 39 et suiv.). Il fut remplacé en 1801
par son coadjuteur, Mgr de Dalberg (Charles-Théodore), dont
il va être question, et qui fut dépossédé de l'électorat. Mais
sa constante amitié pour la France et ses relations avec
Napoléon lui valurent la souveraineté du grand-duché de
Francfort, le titre de prince-primat, et la présidence des deux
collèges de la confédération du Rhin, après Wagram.

frère (1) était aussi revenu à cette époque auprès de son oncle. Il sortait de l'Université de Gœttingue, et je me liai dans la suite avec lui, malgré le disparate de nos opinions, car les idées démocratiques avaient fait à cette époque de grands progrès dans la jeunesse des universités allemandes. Quelques années plus tard, je retrouvai Dalberg à Paris, où il résidait d'abord en qualité de ministre du margrave de Bade. Plus tard, devenu Français, puis conseiller d'État, il fut créé duc par Napoléon. L'histoire de la Restauration dira quel rôle il y a joué (2). Son oncle, qui avait perdu l'électorat de Mayence par la sécularisation des souverainetés ecclésiastiques, accepta de son côté le joug que Bonaparte imposait en Allemagne, et en fut récompensé par le titre de Prince-Primat et la souveraineté des villes de Francfort et de Ratisbonne.

(1) Émeric-Joseph, d'abord baron, puis duc de Dalberg, pris en affection par Talleyrand lorsqu'il représentait à Paris le margraviat de Bade, épousa la marquise de Brignole, dame du palais de l'impératrice Joséphine, se fit naturaliser français et fit partie du Conseil d'État. Il fut un des négociateurs du mariage de Napoléon avec Marie-Louise, puis membre du Gouvernement provisoire en 1814 et plénipotentiaire au Congrès de Vienne. Plus tard, il fut pair de France et ambassadeur à Turin. Il mourut en 1833 à Hernsheim. Son titre de duc passa à son neveu, le comte Tascher de la Pagerie.

(2) V. les *Mémoires et relations politiques du baron de Vitrolles,* Paris, Charpentier, 1884, in-8°, t. I. pp. 33 et suivantes.

XIX

Je devais aux bontés de Mme la duchesse de Bouillon l'accueil flatteur que je recevais de ces personnages intéressants. Celui qu'elle m'accordait elle-même était tous les jours plus affectueux. Elle encourageait mes tête-à-tête journaliers avec Mlle de Folleville, en me remettant tous les soirs les notes où elle se plaisait à répéter l'expression des sentiments qui se développaient dans le cœur de sa fille. Mais déjà l'époque de mon départ approchait. Je l'avais même reculée. Dans une de nos conversations intimes avec Mlle de Folleville, j'en vins à lui dire le jour que j'avais définitivement fixé, et je lui demandai si je pouvais espérer de laisser quelque souvenir dans son cœur. Elle me répondit d'abord avec embarras que ce ne serait pas sans un véritable regret qu'elle me verrait partir. Mais bientôt elle ne put cacher une plus vive émotion, que trahissaient ses larmes. Dans son trouble, et pour ne pas lever les yeux sur moi, elles les fixait sur ses genoux, où elle piquait continuellement sa robe avec une épingle. Enfin elle alla jusqu'à me dire que je pourrais bien rester si je voulais. Je n'avais point encore envisagé une semblable perspective. J'avais toujours pensé que je retournerais à mon régiment, et l'idée d'une campagne faite à la tête d'une belle compagnie de chasseurs n'avait rien perdu de sa séduction. Je n'attendis pas d'autre explication pour ce jour-là. Mais le lendemain Mlle de Folleville avait été autorisée à me dire que « malgré les raisons qui auraient pu faire retarder son mariage, sa mère et le prince de Salm seraient heureux de le conclure ».

La principale difficulté tenait à leur délicatesse. La dot de Mlle de Folleville ne pouvait être assurée que par le prince de Salm, Mme de Bouillon n'ayant aucuns capitaux disponibles. Ceux du prince étaient placés en Espagne; or, ce pays était encore en guerre avec la France, et nul ne pouvait prévoir ce qui résulterait de la prolongation d'un pareil état de choses. La dot que Mlle de Folleville était chargée de m'annoncer était considérable pour ce temps de misère générale, et présentée sous la forme la plus généreuse, car la donation était faite pour une moitié à Mlle de Folleville et pour l'autre moitié directement à moi. Mme la duchesse de Bouillon garantissait au contrat une somme égale sur la fortune qui lui était due par le duc de Bouillon. Je reçus ces indications sans m'en expliquer, et avec une réserve qui m'était imposée par ma situation, obligé que j'étais de me décider seul, et sans conseil, sur de pareilles questions. J'avais écrit deux ou trois fois à ma mère pour lui faire connaître les détails de mon arrivée et de mon séjour. Ses réponses pleines de tendresse conservaient toujours une sorte de réserve dans les avis ou les encouragements que j'attendais d'elle; et d'ailleurs nous étions trop éloignés pour que j'eusse le temps de lui soumettre les conditions proposées.

Revenu chez moi, je m'absorbai dans les plus profondes réflexions. L'abandon d'une carrière qui me souriait était exigé. Les revenus que la dot annoncée m'assurait étaient largement suffisants pour la situation actuelle, autant que nous resterions établis comme nous l'étions chez Mme la duchesse de Bouillon. Mais s'il en était autrement, s'il survenait beaucoup d'enfants, si les espérances que l'on donnait venaient à ne pas se réaliser, nous serions pauvres dans l'avenir. Enfin, je n'étais pas assez entraîné pour ne pas écouter les calculs de la raison, et j'étais trop franc pour les cacher à la personne la plus intéressée. Je m'en expliquai avec elle le lendemain en y mettant toute la délicatesse que demandait un sujet si difficile à traiter. Mlle Thérésia, confiante dans les sentiments plus que maternels de Mme de Bouillon, dans la fortune considérable que la princesse avait à réclamer, dans la vie commune dont rien ne lui paraissait pouvoir rompre l'intimité, sans toutefois qu'il s'agît d'un engagement inscrit dans le contrat, ne concevait pas mes craintes au sujet d'un avenir qui nous promettait une fortune aussi large que nous pouvions la désirer. Tout cela se passait au milieu des expressions d'une tendresse mutuelle, la plus vive et la plus animée.

Deux jours entiers se passèrent ainsi sans que ma résolution fût prise, et sans que je fisse la démarche solennelle indiquée, qui était d'aller demander au prince de Salm, et d'obtenir de Mme la duchesse de Bouillon la main de sa fille adoptive. Je ne me doutais pas du trouble dans lequel mes lenteurs avaient

jeté les protecteurs de ma fiancée. Ils la voyaient
compromise, s'étant pour ainsi dire offerte elle-même,
et moi pouvant la refuser. Enfin, un matin, le 6 ou le
7 mai, je descendis de ma petite chambre dans l'appartement du prince. Par un singulier hasard, Mlle de
Folleville sortait de chez lui à l'instant même où j'y
entrais. Je fus reçu à bras ouverts avec toutes les
expressions de la plus tendre cordialité. De ce moment, tout fut décidé. Mme de Bouillon à son tour,
dès que je la revis, m'embrassa avec une touchante
émotion, et en m'appelant son fils chéri. Je ne
quittai plus sa maison. Tous les arrangements se
faisaient de concert et sans la moindre difficulté.

Le prince Emmanuel écrivit à ma mère une lettre
pleine de grâce et de bon goût, et je lui demandai en
même temps l'acte de son consentement. Elle me
l'envoya aussitôt, avec quelques objets curieux,
échappés au naufrage de notre mobilier, dont je fis
hommage au prince et à Mme de Bouillon.

Les choses en étant à ce point, je demandai la permission d'annoncer mon mariage à Adrien de Mun,
avant que le public en fût instruit. Le lendemain
même, en effet, il vint me prendre, suivant notre habitude, pour aller faire notre promenade matinale.
Lorsque nous fûmes engagés dans un chemin riant,
au milieu des bois, je m'arrêtai vis-à-vis de lui et
lui dis qu'en raison de l'amitié qui nous unissait, je
voulais qu'il fût le premier à savoir un événement qui
touchait au bonheur de ma vie. Il ne parvenait pas
à deviner. Je lui annonçai enfin que j'épousais

Mlle de Folleville. Il recula d'étonnement. Puis il se jeta à mon cou.

« Après moi, cher ami, me dit-il avec une grâce parfaite, tu es celui à qui je souhaitais le plus un pareil bonheur ! »

Rien dans la suite ne vint démentir ces expressions de son excellent naturel. Je ne sais pas s'il en fut de même pour Mme de Tessé. Nous ne restâmes pas sans relations. Après avoir accompagné sa famille dans le Holstein, où Mme de Tessé avait formé son établissement, différentes nécessités d'intérêt l'engagèrent à se rapprocher de France. La Suisse lui offrait la frontière la plus facile à traverser. Il se rendit à Coppet chez Mme de Staël, et séduit par les charmes de l'esprit de cette enchanteresse, il subit le joug auquel tant d'autres s'étaient trouvés soumis. La dernière lettre que je reçus de lui à cette époque était pleine de son nouvel enthousiasme, et je le lui reprochai comme une faiblesse de son caractère. Je le retrouvai plus tard à Paris, sous le Consulat, rentré dans son existence normale, et si avant dans les bonnes grâces de Mme Bonaparte, qu'il fut, dit-on, question de son mariage avec Hortense de Beauharnais.

XX

Nous restâmes peu de temps à Erfurt après le départ de Mme de Tessé. Nos parents avaient d'abord pensé que notre mariage pourrait se faire dans cette ville, et que le coadjuteur de Mayence nous donnerait la bénédiction nuptiale. Mais Mme la duchesse de Bouillon le trouvait trop léger, et craignait que sa bénédiction ne fût pas aussi bonne qu'une autre. Elle avait demandé au landgrave, son frère, de lui prêter pour un mois le château de Wildeck, à quelques lieues de Rothembourg, qui était son habitation favorite, et il s'était empressé de l'accorder, autant, disait-il, à sa chère Thérésia qu'à sa sœur.

En peu de jours les actes des notaires furent terminés, sans apporter beaucoup de distractions à notre vie de sentiment et de tendresse. Nous partîmes d'Erfurt avec un assez grand train et nous arrivâmes à Eisenach où Mme de Bouillon voulait s'arrêter pour voir le maréchal de Castries et toute la colonie qui l'environnait, la maréchale, la comtesse de Blot, amie constante et fidèle du maréchal depuis de longues années, Mlle de Montmorency, devenue la marquise de Mortemart, le duc de Guines, le vieux comte de Schomberg et plusieurs autres. Je fus présenté à toute cette imposante société, et accueilli avec toute la faveur que m'assuraient les bontés de

Mme de Bouillon. Le lendemain, nous arrivâmes à Cassel, résidence du landgrave de Hesse (1), chef des différentes branches princières de cette grande maison. Ce détour était commandé par la nécessité d'obtenir l'autorisation du landgrave de célébrer notre mariage catholique dans la principauté de Rothembourg. Le chef de la maison de Hesse était protestant; la branche de Rheinfels, catholique, était soumise, sous ce rapport, à une dépendance rigoureuse.

Mme la duchesse de Bouillon et le prince de Salm furent reçus avec toutes les prévenances qui leur étaient dues. On nous dispensa, Thérésia et moi, de la présentation à cette cour. La duchesse et le prince furent invités à un dîner d'apparat dans la belle résidence de Weissenstein. C'était le moment où le landgrave s'occupait de toute son activité à embellir

(1) George-Guillaume, landgrave de Hesse-Cassel, était en même temps feld-maréchal au service de Prusse. Né le 5 juin 1743, et marié le 1er septembre 1764 à la princesse Wilhelmine-Caroline, fille de Frédéric V, roi de Danemark, il commença à régner sur toute la Hesse le 31 octobre 1785. Il était entré, en 1793, dans la coalition contre la France, et fit passer huit mille Hessois au service de l'Angleterre en vertu d'un traité qui lui assurait d'importants subsides de cette puissance. Il commandait, en même temps, ses propres troupes, unies à celles de la Prusse, contre la République française. Il traita néanmoins avec le Directoire en 1795. En 1805, devenu électeur, il reprit les armes contre Napoléon, perdit ses États après la bataille de Friedland, et se retira à Sleswig. Rentré dans ses possessions en 1813, il y prit aussitôt les mesures les plus rétrogrades. Il mourut le 27 février 1821.

cette magnifique demeure. Un parc de plus de deux lieues de tour, situé dans la contrée la plus romantique, était orné par ses soins des plus belles fabriques. On y voyait entre autres un château gothique, placé dans la partie la plus montueuse et la plus boisée, construit dans le style du XIIe siècle, et appelé le *Château des chevaliers du Lion*. D'un autre côté, les magnifiques eaux, réunies au sommet de la colline qui domine la résidence du souverain, avaient été détournées d'une cascade célèbre où elles tombaient sur cent marches de marbre blanc, décoration dont le goût avait paru suranné. Le landgrave les avait rejetées dans un aqueduc imité des Romains, et qui tout à coup, ruiné et brisé, laissait tomber toute cette masse d'eau, et formait une chute de cent pieds de hauteur.

Nous parcourions, Thérésia et moi, cet admirable séjour, pendant que nos parents dînaient au château. La table, somptueuse, avait été dressée sous un superbe quinconce qui touchait au bâtiment. Pendant le dîner, on voyait passer de grandes charrettes traînées par vingt-quatre chevaux, qui transportaient les immenses blocs de pierre destinés à former les assises de l'aqueduc. On s'étonnait en apprenant que la conception de ce parc splendide appartenait tout entière au vieux landgrave, qui dans ses manières, son ton et ses habitudes, représentait en perfection un caporal prussien, avec sa longue queue à la mode de Frédéric, et sa grande canne à la main. Les caves de Weissenstein renfermaient, disait-on, un trésor considérable, soixante ou quatre-vingt millions de francs, qui y restaient enfouis sans aucun emploi. La source de cet argent, au surplus, n'était pas des plus pures. Le landgrave abusait, en effet, du droit absolu de conscription qui lui appartenait dans ses États. Il avait fourni au Gouvernement anglais huit ou dix mille hommes, qui avaient été employés en Amérique, dans la guerre de l'Indépendance. Et l'or de Weissenstein était le prix du sang si indignement sacrifié (1).

(1) Le portrait tracé de ce prince allemand par M. de Vitrolles était confirmé, à peu près à la même époque, et non sans aggravation, par le marquis L.-J.-A. DE BOUILLÉ, qui laisse pénétrer les raisons de l'aversion qu'inspirait le landgrave aux émigrés. « Je fus présenté, dit-il, avant le dîner de la Cour au landgrave qui m'accueillit fort bien, ainsi qu'à sa femme, princesse de Danemark, sœur de la reine de Suède, et à ses enfants. Le landgrave était en très bonne tenue militaire; il avait une tournure fort sèche et fort sévère, qui répondait parfaitement à son caractère despotique. Il n'existait point de prince plus dur, plus absolu, plus indépendant de tous les rapports qui influent ordinairement sur les hommes.... plus craint et même plus haï, et par-dessus tout plus économe. Il avait alors cent millions dans ses coffres et seize mille hommes des meilleures troupes de l'Allemagne, que les princes français tentèrent plusieurs fois de l'engager à leur prêter, comme il avait fait aux Anglais dans la guerre d'Amérique. Mais son alliance avec l'Angleterre, le froid intérêt du roi de Prusse pour leur cause, la mauvaise volonté, et l'on pourrait dire la mauvaise foi de Léopold les ont toujours contrecarrés dans cette négociation... Ce prince me parut effectivement peu aisé à manier, et surtout fort attaché aux guinées de l'Angleterre qui lui avaient si bien rempli ses coffres. Il vivait avec une femme de qualité du pays et habitait avec elle une petite maison qu'il s'était fait bâtir à l'extrémité de la ville. Je ne vis pas cette mai-

Deux jours se passèrent ainsi à Cassel, pendant lesquels Mme la duchesse de Bouillon et le prince furent environnés des hommages des personnes les plus distinguées du pays. Thérésia et moi nous n'étions guère occupés que de nous-mêmes. En arrivant à Rothembourg, la plus aimable réception nous attendait, accompagnée de véritables fêtes nuptiales. Il y eut un bal le lendemain de notre arrivée, où Mme la landgrave de Hesse Rheinfels voulut danser avec moi. Thérésia était reçue et chérie comme dans sa propre famille. Cependant, nous étions impatients d'arriver au château de Wildeck. Là encore une réception vraiment princière nous était réservée. Nous avions à notre disposition un détachement des cuisines du landgrave, maîtres d'hôtel, sommeliers et autres serviteurs de sa maison, les attelages de ses écuries, chevaux de voiture et de selle, au nombre de dix-huit ou vingt. Ce fut dans la chapelle de cette belle résidence que fut célébré notre

tresse, qui d'ailleurs n'avait aucun crédit, et se bornait à l'emploi d'amuser les loisirs du sauvage landgrave. Sa femme, délaissée par lui, avait une tournure fort commune, et je pus m'apercevoir que son esprit ne l'était guère moins, quoiqu'elle ne manquât pas de prévenance pour les étrangers. Elle s'était permis dans sa jeunesse quelques légèretés, qu'elle expiait alors par l'indifférence complète de son mari...

« Du reste, le dîner de la Cour ne valait pas un mauvais repas de garnison. Il était tel qu'on pouvait l'attendre de l'avarice du landgrave, et il ne m'offrit d'amusant que sa curieuse frugalité » (*Souvenirs et Fragments*, par le marquis L.-J.-A. DE BOUILLÉ, Paris, Picard, in-8°, 1906, t. I, p. 360).

mariage. Mme de Bouillon avait exigé que nous fussions seuls tous les quatre; elle trouvait la cérémonie trop sérieuse pour y mélanger la gaîté des amis et des indifférents. Un conseiller du landgrave y avait seul assisté; et en sortant, il remit à ma femme une longue lettre du prince, qui avait voulu être le premier à la féliciter en sa nouvelle qualité.

Les premiers jours de la lune de miel ne furent troublés par aucune visite. Le charme d'un intérieur parfaitement uni, une conversation animée, douce et piquante ajoutaient encore à ces moments de bonheur. Nous étions réunis une partie de la journée. Le prince de Salm nous montrait une grande et constante bienveillance. Sa prétention était d'être un très bon homme; et, ce qui arrive rarement, cette prétention était justifiée. Sa conversation avait une délicatesse presque affectée que démentaient parfois, dans son intérieur, des emportements qui ne sont pas toujours étrangers au caractère allemand. Il était de cette ancienne maison de Salm-Salm dont la principauté était presque enclavée dans la Lorraine. Leur véritable nom, leur nom originel, n'était autre que le titre de rhingrave; et le prince Emmanuel ajoutait encore en signant, à la suite de son nom, les mots : *Wild und Rheingraf*, qu'on pourrait traduire par : *Comte Sauvage et du Rhin*.

Le prince de Salm, son père, avait eu vingt-quatre enfants, qui s'étaient dispersés dans le monde. L'un d'eux était archevêque de Prague. Une de ses sœurs avait épousé le duc de l'Infantado, en Espagne, et elle avait attiré son frère au service de cette puissance. Il y avait obtenu assez promptement des grades élevés, les faveurs de la Cour, et une commanderie de l'ordre de Calatrava. Mais ses curiosités de goût et de science lui rendaient le séjour de l'Espagne peu agréable. Il vint en France, acheta un régiment d'infanterie étrangère, et devint ainsi colonel-propriétaire du régiment de Salm-Salm. A la même époque, le prince Max de Deux-Ponts était propriétaire d'un autre régiment allemand, qui portait son nom. C'est ce même prince Max qui a été plus tard Électeur de Bavière, et ensuite roi de Bavière, par l'intervention de Napoléon Bonaparte. — Le prince Emmanuel passait trois mois à son régiment. Il y dépensait les vingt-quatre mille francs qu'il en retirait, et le reste du temps il vivait à Paris, où il s'était confortablement établi. Il se trouva naturellement enrôlé dans la société de Mme la duchesse de Bouillon, qui était sa parente; et d'autre part, il se lia avec des personnes qui tenaient plus ou moins à la société dite philosophique, à cette époque : le comte de Guibert, le comte de Crillon, etc. Il voyait même quelquefois les chefs de cette coterie, Diderot, d'Alembert, et autres.

Il puisa dans cette fréquentation toutes les idées de cette pseudo-philosophie qui renversa toutes ses croyances sans rien lui donner pour les remplacer. Il y prit aussi le goût de la controverse et des discussions dans lesquelles il s'animait. Sa bibliothèque, assez belle, renfermait entre autres une collection de Bibles de toutes les langues, de toutes les traductions, et de toutes les religions. Il y recherchait les contra-

dictions qui tendaient à infirmer le texte. La Révolution, qui blessait ses instincts et tous ses intérêts
vint un peu tardivement démentir ses doctrines philosophiques, et lorsque je le connus, il n'était pas
encore désabusé de son incrédulité, et la professait
assez hautement, s'appuyant sur les contradictions
qu'il relevait dans ses bibles, pour discuter l'existence
de Dieu.

Il connaissait assez bien la littérature de tous les
pays de l'Europe où il avait voyagé. Il avait dans la
même année passé l'été à Ceuta et l'hiver à Moscou.
Ses voyages et ses relations de famille lui avaient
fait connaître les personnages importants de toutes
les cours de l'Europe, ce qui donnait de l'intérêt à sa
conversation. Il avait conservé de sa manière de
vivre un grand besoin d'activité, et un goût insatiable
pour les déplacements. Après avoir passé deux ou
trois mois dans le même endroit, il ne pouvait plus
y tenir. Il se créait des obligations d'amitié ou de
parenté aux quatre extrémités de l'Allemagne; et
quand les grands voyages lui faisaient défaut, il
s'imposait le devoir de faire tous les jours deux lieues
à pied. Ses longues jambes se prêtaient à cet exercice : il avait à très peu près six pieds de haut. Sa
figure n'avait rien de remarquable, excepté ses cheveux, qui étaient du plus beau blanc d'argent. —
Tel était le principal personnage de notre intérieur.

XX

Quinze jours après notre mariage, le maréchal de
Castries et Mme de Blot, invités par Mme de Bouillon, vinrent passer avec nous la fin du mois. Le ma-
réchal était fort touché de retrouver les habitudes
d'une grande maison, qu'il avait perdues, et particulièrement l'usage de boire une bouteille de vin de
Champagne à chacun de ses repas. Il était d'une
grande simplicité, et sa conversation était intéressante plutôt par les événements auxquels il avait
assisté, les grandes situations qu'il avait occupées,
que par un esprit remarquable. Dans la guerre de
Sept Ans, il avait eu un combat glorieux à Closter-
camp (6 octobre 1760); plus tard, il avait été ministre
de la Marine, et avait conduit ce département pendant la guerre de l'indépendance en Amérique. La
comtesse de Blot avait été dame de Mme la duchesse
d'Orléans. Ses traits laissaient encore deviner qu'elle
avait dû être très jolie femme. Elle avait de la grâce,
de l'aménité, et cette obligeance qui distinguait la
société de son temps, et particulièrement celle dont
Mme de Bouillon était le centre. On n'y vivait que
de sentiment. L'envie de plaire et d'être aimé était
la grande occupation de tous et de tous les moments.
On s'aimait réellement, on s'admirait, on ne voyait
dans ses amis que leurs plus belles qualités, sans

aucune ombre des défauts qui auraient pu les ternir, et on trouvait moyen de se le dire continuellement. Dans le premier moment, on pouvait trouver
quelque fadeur dans cette façon d'être. La modestie
s'y sentait embarrassée. Mais on s'accoutumait facilement à cette odeur d'encens, au point qu'on finissait par en trouver la privation pénible. Que répondre,
par exemple, lorsque Mme de Blot interrompait tout
à coup la conversation pour adresser, à Mme de Bouillon, en me regardant, des compliments qui me con-
cernaient par trop directement?

« Voyez donc, ma chère, disait-elle, quelles dents !
Elles éclairent tout son visage ! »

Ou bien sur tel propos insignifiant que je venais
d'énoncer, elle repartait.

« Mais, ma chère, c'est absolument Émile ! »

Il faut dire que l'*Émile* de Rousseau, bien qu'un
peu suranné déjà, était encore fort à la mode auprès
de ces dames.

Nous vivions ainsi dans les plus doux passe-temps.
Nous montions souvent à cheval, le matin. Mme de
Vitrolles y était habile et hardie. Après le dîner, les
calèches attelées à quatre chevaux nous promenaient
tous dans les différents sites de ce riant pays. A la
fin de notre séjour, le landgrave de Hesse Rheinfels et
sa femme obtinrent la permission de venir passer
quelques jours chez eux (1), et même nous eûmes la

---

(1) Charles-Emmanuel, landgrave de Hesse Rheinfels-
Rothembourg était né en 1746. Il avait épousé en 1771
Marie-Léopoldine-Aldegonde, fille de François-Joseph,

visite du comte de Romanzoff, celui qui devint dans la suite chancelier d'État de l'empire de Russie. Il était jeune alors, et avait été envoyé par l'impératrice Catherine auprès des Princes, frères de Louis XVI. Enfin, le mois écoulé, nous quittâmes ce charmant séjour. Notre colonie s'arrêta deux ou trois jours à Rothembourg, pour remercier le landgrave de tout ce que sa réception avait eu de bonne grâce et d'élégance, et nous rentrâmes à Erfurt, où je fus établi dans la maison de Mme de Bouillon.·

Jamais changement de vie ne fut plus complet que le mien. Après trois ou quatre années de guerre, d'activité, de misère, je me trouvais sans occupation, sans ambition, et en pleine jouissance d'une fortune qui n'était pas à moi. Je sentis le besoin de ne pas m'engourdir dans de tels loisirs, et celui de réparer ce que mes campagnes m'avaient fait perdre au point de vue de l'instruction. Pendant le temps que j'avais passé à l'armée de Condé, je n'avais d'autre livre qu'une petite collection Elzévir des œuvres de Tacite. Ce fut encore avec cet ouvrage que je me remis au travail en m'essayant à traduire quelques-uns des plus beaux morceaux. Je m'occupai en même temps d'étudier l'allemand, que je parlais assez mal, quoique je fusse un des plus forts parmi mes camarades. Mais je trouvai un secours bien inattendu pour me diriger et m'accompagner dans mes études. Mme de Bouillon était plus instruite qu'aucune femme de son rang

prince de Liechtanstein. Il était frère du général jacobin Charles Hesse.

et de son temps. Elle savait parfaitement l'anglais, et connaissait cette littérature qui lui avait inspiré un goût très particulier. J'en avais à peine les premières notions. Ce fut elle qui m'encouragea à les développer en lisant avec elle les meilleurs auteurs de langue anglaise. Nous avions commencé par des ouvrages en prose, qu'elle m'avait habitué à traduire en les lisant, pour éviter que je ne prisse une mauvaise prononciation. Je m'élevai ensuite jusqu'à la poésie; j'entamai entre autres les *Saisons* de Thomson; mais la lecture en était moins facile. Mme de Bouillon ne s'était pas bornée à l'étude des littératures française et étrangères. Elle avait voulu pénétrer dans les sciences, et le maréchal de Castries lui avait donné pour professeur M. Monge, le frère cadet de celui qui acquit une si grande célébrité, honorable dans la science, et odieuse en politique. Elle avait puisé dans ses leçons quelques connaissances de mathématiques et de physique. Mais elle avait trouvé plus d'attrait dans la chimie. Elle m'introduisait dans cette dernière science dont je n'avais nulle connaissance. Elle se plaisait à m'en faciliter l'abord, et me faisait admirer le nouveau système auquel Lavoisier avait donné son nom. Nous étions abonnés aux *Annales de Chimie;* leur arrivée était attendue avec impatience, comme l'aurait été, pour d'autres, celle d'un roman nouveau. Cette étude avait inspiré à Mme de Bouillon quelques pages ingénieuses sur l'application des affinités électives de la chimie aux affinités électives des sentiments. Elle montrait, par exemple, comment deux personnes associées par un attrait commun restaient facilement unies tant qu'il ne se présentait pas à eux un être d'une affinité supérieure. Mais s'il en survenait deux autres pouvant exercer sur chacun des deux premiers une affinité plus forte, le premier lien se trouvait nécessairement rompu et l'union première se résolvait en deux nouvelles unions.

Ce goût de l'instruction et des choses de l'esprit avait attiré chez la duchesse de Bouillon ceux qui prétendaient à ce genre de réputation. Sa société intime à Paris s'ouvrait facilement à quelques personnes recommandées par leur esprit, sans qu'on s'occupât du rang où elles étaient nées. J'ai déjà nommé M. de Lally-Tollendal, et M. Mounier. On peut y ajouter M. Malouet, et M. Sénac de Meilhan (1). Ce dernier était un bel esprit de salon. Il écrivait des synonymes qui étaient alors très à la mode. Il improvisait sur des sujets donnés, tels que celui-ci : « Quelle est la ressemblance et quelles sont les différences qui existent entre l'amour et un ser-

(1) Gabriel Sénac de Meilhan, né en 1736, était le fils d'un médecin de Louis XV, ce qui lui ouvrit l'accès de la Cour où son esprit lui valut d'être bien accueilli des hommes, et son air avantageux, des femmes. Il entra à vingt-six ans dans la carrière administrative et fut d'abord conseiller au Grand Conseil, puis maître des requêtes, intendant de la Rochelle, d'Aix, et de Hainaut. Il tenta à plusieurs reprises, mais sans succès, d'entrer dans le ministère. Il avait émigré en 1790, et visita successivement Londres, Aix-la-Chapelle, Rome, Saint-Pétersbourg, Moscou, Brunswick, où il mourut dans les bras du prince de Ligne, le 16 août 1803. On a de lui des *Considérations sur l'esprit et les mœurs* (1787). *Les Principes*

rurier? » — Il trouvait à dire là-dessus les choses
les plus merveilleuses. Il soutenait un jour dans le
salon de Mme de Bouillon que rien n'était plus facile
pour lui que d'écrire quelques pages entièrement
semblables à celles des divers auteurs, par exemple
de Voltaire, de Rousseau ou de Montesquieu, et
qu'il en ferait autant au besoin pour des styles plus
anciens. Cette prétention fut jugée excessive et fut
généralement révoquée en doute. Six mois après
parurent en petits volumes les *Mémoires d'Anne de
Gonzague, princesse Palatine,* qui se trouvent encore
dans beaucoup de bibliothèques où l'on ne soup-
çonne pas qu'ils sont apocryphes. M. de Meilhan
avait voulu donner cette preuve du talent qu'il s'était
attribué. Il eut soin que son livre tombât entre les
mains de la duchesse de Bouillon sans qu'elle pût
savoir d'où il lui venait. Elle le lut d'abord sans
aucune méfiance. Mais à une seconde lecture, son
goût fin et délicat lui signala deux ou trois expressions nouvelles, et qui n'avaient été mises en usage
que dans les dernières discussions des Parlements.
Quelque temps après, l'auteur crut devoir se révé-
ler.

et les Causes de la Révolution en France (1790), *des Portraits
et Caractères du XVIIIe siècle* (1795). Il faut y joindre
l'*Émigré,* publié à Brunswick en 1797 chez Fauche et Cie
(4 vol. in-18 avec gravures), et récemment réédité en abrégé
par MM. Stryienski et F. Funck-Brentano. Les *Mémoires
d'Anne de Gonzague, princesse palatine,* avaient paru dès
1785. Sénac de Meilhan avait été très particulièrement lié
avec la comtesse de Tessé.

Mme de Bouillon n'apportait point de recherche dans sa manière d'écrire; mais elle n'en écrivait pas moins avec la plus grande facilité. J'ai surtout gardé le souvenir du remarquable journal d'un voyage qu'elle fit en 1791, — alors qu'elle habitait Lausanne, — dans les montagnes les plus élevées et les plus impraticables de la Suisse. Elle avait alors quarante-deux ans, une santé très délicate, et elle n'avait jamais connu le plaisir de voyager. Les trajets qu'elle avait faits dans sa berline, de Strasbourg à Paris, n'avaient pas pu lui en donner l'idée. Elle se décida à partir au mois d'août pour visiter ce que les Alpes suisses offraient de plus curieux. Dans ce temps les routes ouvertes et frayées d'aujourd'hui n'existaient pas. C'étaient des sentiers difficiles que parcouraient à cheval ceux que leurs affaires forçaient à traverser ces âpres contrées; et encore fallait-il descendre souvent à pied dans la neige et l'eau des torrents. A peine trouvait-on quelques auberges, ou parfois des hospices entretenus par le Gouvernement pour recevoir les voyageurs. Il n'y passait pas une femme en dix ans. Ce fut cette aventure qui tenta Mme de Bouillon, et rien n'égalait en vif intérêt et en grandeur de vues le journal qu'elle écrivait chaque soir sur ses genoux, malgré le poids des fatigues de sa journée.

Ce qu'il y avait de plus remarquable dans cette femme si distinguée à tous égards, était son exquise sensibilité. Elle vivait presque uniquement des sentiments de son cœur. Lorsque je la connus, elle était encore sous le coup de la profonde douleur que lui avait causée la mort déplorable de son amie intime, Mme de Lauzun, devenue la duchesse de Biron. Cette femme, tant admirée pour le charme de son caractère et de ses vertus, avait laissé des souvenirs profonds en Angleterre, où elle avait passé les premiers temps de l'émigration. Elle avait ensuite, par dévouement, cru devoir rentrer en France à l'époque la plus dangereuse, au début de la Terreur. Elle était seule parmi ses amies à posséder une fortune considérable et tout à fait indépendante. Elle se fit un devoir d'essayer de la défendre, pour la partager avec celles qui pouvaient être réduites à en avoir besoin. De celles-ci, c'était Mme de Bouillon qui lui tenait le plus au cœur. Elle se crut assez protégée par la réputation de bienfaisance attachée à son nom, et rentra à Paris vers la fin de 1792. Elle y fut arrêtée bientôt après par l'indiscrétion de ses gens, bien qu'ils lui fussent entièrement dévoués. Elle fut conduite au couvent des Anglaises, dont on avait fait une prison. Elle y passa le peu de temps qui lui restait à vivre avant de monter à l'échafaud (1). Cette fin déplorable

---

(1) Le 27 juin 1794. La duchesse de Lauzun fut englobée dans la prétendue conspiration du Luxembourg et exécutée en même temps que la duchesse de Biron, veuve du maréchal. Elle-même, comme le dit M. de Vitrolles, portait le titre de duchesse de Biron, par suite du décès du maréchal, son beau-père.

Voici ce que raconte à son sujet M. Wallon, dans son *Histoire du Tribunal révolutionnaire* (Paris, Plon, 1899, t. II, p. 304) : « On peut remarquer dans la liste des accusés deux femmes du nom de Biron, la veuve du maréchal, et la veuve

parut plus injuste et plus cruelle que bien d'autres; et eut un retentissement considérable. La douleur dont Mme de Bouillon se sentit frappée fut profonde et ne cessa qu'avec sa vie. Elle s'était environnée de tous les souvenirs qui pouvaient lui rappeler son amie, et le plus grand témoignage d'affection qu'elle pût donner à ceux qui l'approchaient était de les associer à cette douloureuse commémoration.

Son cœur et son esprit étaient animés par la plus brillante imagination, trop vive assurément pour ne pas nuire à son bonheur, pour ne pas user sa vie. Elle était plus défaite que son âge ne le comportait; son visage était agréable par l'expression, sans beauté et sans régularité de traits. Sa taille, qui avait été élégante, était seule restée jeune. Elle avait une grâce remarquable et un goût exquis dans les manières. La naissance d'un enfant de sa fille adoptive (1) fut pour elle un plaisir tout nouveau. Elle

du duc, sa belle-fille. L'une entraîna l'autre à la mort. Fouquier en demandait une. On lui dit qu'il y en avait deux. Il se les fit amener toutes les deux. N'étaient-elles pas l'une et l'autre duchesses? Il eût été fort embarrassé de choisir; il les envoya en même temps au tribunal et à l'échafaud. » — Suivant Mme de La Tour du Pin, la fortune laissée par la duchesse de Lauzun à Mme de Bouillon s'élevait à **six cents mille francs**. Ce fut en vue de recueillir cet héritage **que** cette dernière entreprit le voyage d'Angleterre dont il **est** question plus loin.

(1) Oswald de Vitrolles, né à Erfurt le 9 février 1796, lieutenant-colonel de la Garde royale, démissionnaire en 1830, mort à Nancy en 1870. Il avait épousé une fille du marquis d'Arbaud de Jouques.

n'avait jamais eu sous les yeux ce charme de l'enfance, si aimable et si séduisant; et lorsqu'elle l'eut connu, dans ce temps où les malheurs publics et privés faisaient le fond de toutes les conversations, elle ne pouvait s'empêcher d'y prévoir quelque secours et quelque consolation.

« Si je devais être enfermée, disait-elle, j'aimerais mieux avoir avec moi cet enfant que tous les livres d'une bibliothèque. J'y trouverais plus à apprendre et à observer. »

Le souvenir des temps où on a vécu auprès d'une telle personne charment la pensée et ne s'effacent jamais.

XXI

J'avais cru devoir avertir mon colonel de mon
mariage, en lui adressant ma démission. Peu de
temps après, je reçus une lettre qui m'était adressée
par les officiers de mon régiment. Elle était signée
du comte de Bussy et de beaucoup d'autres. Ils ajoutaient à leurs félicitations au sujet de mon mariage
un témoignage flatteur de leur bon vouloir, en me
demandant de continuer à porter l'uniforme du corps
où j'avais laissé d'excellents souvenirs. Je m'en tins
honoré; mais bientôt, en apprenant les brillantes
actions de guerre de mes anciens camarades (1), je

(1) Notamment à Oberkamlach (13 août 1796), pendant
la marche de Moreau sur Munich, et à Biberach (2 octobre 1796), pendant la retraite de Moreau sur le Rhin.
Dans le premier de ces deux combats, le marquis du Goulet,
maréchal de camp, fut tué, et son bataillon perdit 104 chasseurs nobles tués et plus de 200 blessés. Le reste de cette vaillante troupe dut d'être sauvée aux charges réitérées des
Chevaliers de la Couronne. A Biberach, l'armée de Condé,
chargée de protéger la retraite du général autrichien La
Tour, eut un très brillant engagement, où les Chevaliers de la
Couronne eurent six tués et quinze blessés (V. *Les Souvenirs
militaires* d'Hippolyte D'ESPINCHAL, publiés par Fr. Mas-
son, Paris, Ollendorff, 1901, t. I, pp. 3 et 5). Hippolyte d'Espinchal servit dans les Chevaliers de la Couronne, et fut blessé
à Biberach. On sait que Moreau, voyant échouer sa com-

me trouvai embarrassé de porter si pacifiquement cet habit hors des champs de bataille, et j'y renonçai, non sans regrets.

Erfurt, autant et plus que les autres villes d'Allemagne, renfermait un grand nombre d'émigrés de toutes conditions. Les prêtres surtout affluaient en grand nombre dans cette ville restée catholique au milieu de plusieurs États protestants. Leur misère était grande. Mais la charité qui venait à leur secours était à la hauteur de la tâche qui s'offrait à elle. Les quêtes en argent ne suffisaient pas toujours. Mais on avait trouvé un moyen ingénieux d'y suppléer. Les habitants de toutes les classes donnaient, suivant leur aisance, une, deux ou trois places à leur table pour ces malheureux ecclésiastiques. Les personnes charitables — et je pourrais nommer Mme de Vitrolles la première — s'occupaient à chercher et à faciliter ces placements. Parmi les autres Français dénués de toute ressource, plusieurs essayaient un petit commerce. C'était pitié de voir ces malheureux suivant les foires et marchés pour étaler leurs misérables pacotilles. La plupart ne savaient pas un mot d'allemand, et ne devaient le plus souvent qu'à la compassion le peu de vente qu'ils pouvaient faire. Un jour le prince Emmanuel passa devant un de ces

binaison, par suite de la ténacité avec laquelle les Condéens défendaient le passage de la Riss et le pont par lequel s'écoulaient les troupes autrichiennes, s'écria non sans humeur : « Sans cette poignée d'émigrés, l'armée autrichienne était à moi ! »

pauvres étalages, où il n'y avait que du fil et des
aiguilles. Il demanda quelques aiguilles et un éche-
veau de fil, et donna six francs pour les payer. Le
marchand avait rougi de plaisir. Le bon prince l'interrogea sur ses affaires, et son interlocuteur ne se fit
pas prier pour lui raconter toutes ses misères.

« Mais à présent, Monsieur, dit-il en terminant,
je suis un peu au pinacle ! »

Un « pinacle » de six francs, le malheureux !

Un certain nombre d'émigrés — mais dans les
classes les plus élevées — avaient conservé des moyens
d'existence. Plusieurs d'entre eux venaient chez
Mme de Bouillon : le marquis d'Épinay Saint-Luc,
un comte de Blarenghem, de Lille, la princesse de
Chimay, MM. de Rostaing, deux frères qui habitaient
le Dauphiné, le marquis de Sesmaison et beaucoup
d'autres. Ce dernier avait conservé le costume, le
ton et les manières de la Cour de Versailles, et il nous
amusait par son langage empesé, et le cercle étroit de
ses idées bizarres. Un jour entre autres, il avait reçu
des lettres d'une personne attachée à Madame —
ou plutôt à la Reine, puisqu'elle était la femme de
Louis XVIII. Elle était en ce moment fort seule à
Klagenfurth, en Styrie. En arrivant chez Mme de
Bouillon, le bon Sesmaison prenait l'air le plus mys-
térieux dont il était capable.

« Madame la duchesse, disait-il à mi-voix, je suis
instruit qu'il y a beaucoup d'intrigues à Klagenfurth;
mais oui, beaucoup d'intrigues. »

Une autrefois, il s'inquiétait très sérieusement de
l'embarras où on allait se trouver à Versailles lorsque

le Roi, rétabli sur son trône ainsi qu'il devait l'être incessamment, aurait à recevoir la visite de l'impératrice de Russie.

« Vous comprenez bien, Madame la duchesse, disait-il, qu'aussitôt que le Roi sera rentré, la grande Catherine ne manquera pas d'arriver à Versailles. Et je vous le demande, Madame la duchesse, à vous qui connaissez si parfaitement la Cour, quelles sont les dames qu'on pourra placer auprès d'elle? »

Puis, après les avoir passées toutes en revue, il reprenait.

« Vous voyez bien, Madame la duchesse, il n'y en a réellement pas une seule qui puisse convenablement remplir un pareil rôle ! »

Le bon marquis d'Épinay Saint-Luc était plus simple; mais sa langue avait résisté d'une manière comique à la prononciation de tous les noms allemands. Il les francisait au point de les rendre méconnaissables. Il disait fièrement *Maininjin* au lieu de Meiningen; et Adrien de Mun avait la malice de l'induire par ses questions à prononcer de cette façon le plus grand nombre de mots possibles.

Mais j'avais de plus agréables distractions. Le prince Emmanuel, pour satisfaire son goût décidé, faisait des courses quand il ne pouvait pas faire des voyages. La ville de Weimar n'était qu'à huit ou dix lieues d'Erfurt. Là se trouvait une cour des plus petites, mais aussi des plus intéressantes de toute l'Allemagne. La branche de la maison de Saxe qui y régnait avait beaucoup fait pour l'illustration de ce pays. La mère du duc régnant de Saxe-Weimar (1), cousin de Frédéric II, roi de Prusse, laquelle était une princesse de Brunswick, avait attiré dans sa petite capitale les hommes les plus éclairés de son temps. Elle avait été belle, libre, familière, et avait, je crois, appris le français dans les œuvres de Voltaire, qu'elle admirait beaucoup. Le duc de Weimar, son fils, cultivait les lettres, accueillait les auteurs les plus célèbres, et suivant les errements de la duchesse sa mère, avait mérité que sa capitale fût nommée l'*Athènes de l'Allemagne*. En effet, au moment dont je parle, les littérateurs et les philosophes les plus célèbres s'y trouvaient réunis. Il suffira de nommer Gœthe, Wieland, Herder; Schiller, qui habitait ordinairement Mannheim, y avait passé plusieurs années.

(1) Charles-Auguste, duc de Saxe-Weimar; il combattit sans relâche les armées françaises depuis 1806 et fut, en récompense, créé grand duc au congrès de Vienne, en 1815. Il reçut même un accroissement de territoire.

XXII

Le prince de Salm allait deux ou trois fois par mois
passer quelques jours dans cette résidence. Il y était
bien accueilli par les Princes de la Cour et par ceux
de la littérature. Il prit plaisir à m'emmener avec
lui dans ces courts déplacements; et sous ses auspices,
toutes les portes me furent ouvertes. A peu près à
chaque voyage, nous dînions à la Cour dont l'étiquette était rigoureuse. Ce spectacle était fort nouveau pour moi. En entrant au palais, nous traversions différents salons où se trouvaient les personnes
invitées, chacune dans la salle désignée par le rang
qu'elle tenait à la Cour. Gœthe, avec son titre de conseiller, n'était que dans le troisième salon. Nous arri-
vions jusqu'à un grand cabinet où le duc et la duchesse
de Weimar se trouvaient seuls. Leur politesse consistait à se tenir debout pour ne pas nous faire asseoir.
Quand nous avions causé un quart d'heure sur nos
jambes, arrivait le majordome dans l'ancien costume
de sa charge, tenant à la main une superbe hallebarde. Il en frappait un grand coup sur le parquet en
annonçant que Leurs Altesses étaient servies.

A mesure que nous traversions en sens inverse les
salons à la suite du duc et de la duchesse, qui marchaient sans se donner ni recevoir la main, nous
récoltions sur notre passage les invités des deux

sexes. Les dames portaient l'ancien habit de cour, tel
que l'étiquette l'avait réglé depuis deux cents ans, peut-
être, pour toutes celles qui étaient attachées à la maison de Saxe. Il était en soie noire, et découvert sur la
poitrine d'une manière exagérée, au grand détriment
de celles qui n'étaient plus jeunes. Le repas était
simple, mais bon, et abondant en grosses pièces de
boucherie et de gibier. La conversation, comme ailleurs, était abandonnée au hasard des voisins que le
sort vous distribuait. Après le dîner, on retournait
dans le même ordre, et nous nous retrouvions tous
quatre debout dans le même cabinet d'où nous étions
partis. Après vingt minutes environ d'une conversation, à laquelle il fallait s'accoutumer dans cette
forme un peu sévère, le majordome se présentait de
nouveau près de nous, et frappant encore une fois
un coup de sa hallebarde, nous avertissait de faire
notre révérence au duc et à la duchesse. Ceci me paraissait un peu gothique. Mais en sortant de là, le
ton et les manières changeaient totalement. Ainsi,
dès le premier jour où j'avais assisté à ce dîner solennel, Mgr le duc de Weimar nous proposa de nous
conduire chez la duchesse sa mère et de me présenter
à elle; et il faisait les plus grandes insistances pour
me faire monter avant lui dans son carrosse.

La duchesse mère était âgée, mais très conservée
de visage, de grâce, et de gaieté d'esprit. On était
très rapidement à son aise avec elle. Ses propos étaient
quelquefois vifs, mais toujours marqués au coin de
ce que nous appellerions l'ancien esprit français.

Ce même jour, plus tard dans la soirée, il y avait

cercle à la Cour. On y était accueilli avec une si grande politesse qu'elle semblait effacer la raideur de l'étiquette. Les salons étaient beaux, bien éclairés, les tables de jeu dressées, et presque tout le monde y prenait place.

J'avais été un peu embarrassé lorsqu'on m'avait proposé de m'y asseoir. L'armée de Condé ne m'avait appris ni l'hombre ni les tarots, ni aucun des autres jeux qu'on jouait à Weimar. La duchesse douairière les connaissait probablement et ne s'en amusait pas. Elle aimait mieux aller causer avec les assistants qui se tenaient debout. Ce jour-là elle vint à moi et me demanda pourquoi je ne jouais pas. Je lui avouai mon ignorance, ce qui la mit fort en gaieté.

« Je suis sûre, me dit-elle en souriant, qu'il y a un jeu que vous jouez très bien. C'est la *mourra*. »

Je ne pus pas me méprendre sur le sens de cette équivoque princière, empruntée au nom d'un jeu fort répandu dans le peuple en Italie.

Le prince Emmanuel essayait en ce moment son crédit sur le duc de Weimar. M. Mounier avait mené à bonne fin son entreprise en ce qui concernait lord Hawke, son élève. Il allait se trouver sans ressources. L'idée lui était venue de former en Allemagne un établissement destiné à terminer l'éducation de quinze ou vingt jeunes gens de grande famille, Anglais, Allemands, Russes ou Polonais, de quinze à vingt ans. Le prince réussit à faire agréer au duc de Weimar le dessein de faciliter cet établissement dans son pays. Il donna généreusement à cette fin la jouissance d'un de ses châteaux, du parc, et de ses dépendances. M. Mounier vint en prendre possession quelque temps après. Il était accompagné de sa famille, c'est-à-dire de sa femme, de ses deux filles, et de son fils, celui qui a été si généralement connu, si estimé, et qu'une mort prématurée a enlevé à la Chambre des Pairs, dont il était un des membres les plus marquants. Il avait mérité et acquis une juste influence dans les affaires de la France (1).

M. Mounier, son père, réunit dans l'établissement ainsi fondé un nombre suffisant d'élèves, et y attira quelques professeurs distingués, qui en assurèrent la prospérité pendant quelques années, jusqu'au moment où il fut rappelé en France et nommé, sous l'Empire, préfet à Rennes, où il mourut. L'éducation très forte que son fils avait puisée dans l'établissement de Weimar l'avait préparé aux emplois qui lui furent ouverts au Conseil d'État, et dans le cabinet de l'empereur. Le séjour de M. Mounier à Weimar ajoutait un nouvel intérêt aux excursions que je faisais avec le prince Emmanuel. J'avais en outre ébauché

(1) Mounier (Philibert-Édouard), né en 1784, mort en 1843. Après la mort de son père, il reçut de Napoléon une pension sur sa cassette particulière. Une de ses sœurs reçut la même faveur. Il entra au Conseil d'État comme auditeur, et fut ensuite attaché au cabinet de l'Empereur où il eut le titre de secrétaire, qu'il partagea avec le baron Fain. En 1813, Mounier, fatigué par la vie de campagne, et dont la santé avait été gravement altérée par celle de Russie, fut désigné par Napoléon pour être intendant des bâtiments de la Couronne (V. les *Mémoires du baron Fain*, Paris, Plon, 1908, in-8°).

quelques relations avec les hommes célèbres de cette résidence, et surtout avec le grand Gœthe. Herder parlait mal le français et vivait fort retiré. Je le vis à peine. Wieland, qui se prétendait le Voltaire de l'Allemagne, était embarrassé dans la conversation française, parce qu'il mettait trop de prétention à le bien parler, et qu'il se perdait à chercher des synonymes. Il aurait dit : « Ce matin, je me suis promené, j'ai marché, non, j'ai erré dans le parc du château. » — Je commençais à savoir assez passablement l'allemand; mais je n'osais pas me risquer à le parler avec ces maîtres du beau langage. Gœthe avait plus de simplicité, de bonhomie, et des bontés particulières pour moi. Il parlait le français très couramment. et il se plaisait à la conversation des jeunes gens.

Il ne pardonnait pas à nos compatriotes de ne le connaître que par son petit roman des passions du jeune Werther. Tous les Français qu'il rencontrait lui faisaient compliment de cet ouvrage, et de celui-là seul. Encore ne le connaissaient-ils que par de mauvaises traductions. J'ai gardé longtemps le souvenir de ces intéressantes conversations où Gœthe se plaisait à instruire ses humbles auditeurs. Je n'en citerai qu'une. Il me parlait un jour de la renaissance des lettres en Allemagne; il disait à ce sujet que tous les peuples avaient, comme les particuliers, une éducation qui leur était propre; qu'elle dépendait de toutes les circonstances qui accompagnaient leurs débuts dans la vie, et de l'époque où leur société avait pris sa forme et sa consistance.

« Vous autres Français, continuait-il, vous vous

êtes formés sous les auspices de la chevalerie et de l'amour. Vos premiers poètes ont chanté l'un et l'autre. Ce caractère primitif reste imprimé dans votre littérature comme dans vos mœurs. Vos tragédies sont pleines de sentiments de fierté et d'honneur, et ne peuvent pas se passer d'amour. Chez nous autres Allemands, les discussions qui accompagnèrent les guerres entre l'Église et l'Empire, appuyées de toute la théologie de la Réforme, avaient donné à notre littérature quelque chose de lourd et de pédantique. Il était difficile d'en sortir. Mais nous nous sommes entendus, par un heureux accord, pour combattre ces influences anciennes. Nous avons tâché de nous faire légers. Quelques-uns ont dépassé le but; le plus grand nombre ne l'a pas atteint. Cependant, nous avons donné un mouvement, et pour ainsi dire, un rythme nouveau à nos productions. »

Il passait ensuite en revue les conditions d'existence en Angleterre, en Italie, en Espagne, etc., et il montrait comment leurs littératures étaient l'expression de leur vie politique, aux siècles où ces différents pays s'étaient formés.

Une autre fois, il me raconta l'espèce de défi qui avait fait naître deux charmants ouvrages. Voss et lui se demandaient s'il serait possible de peindre les idées et les mœurs modernes avec la même simplicité que dans les narrations de la Bible ou dans celles d'Homère. Chacun l'entreprit de son côté. Voss peignit dans sa *Louise*, avec une grâce parfaite, le mariage de la fille d'un ministre protestant, et Gœthe écrivit avec un naturel admirable son petit poème d'*Hermann et Dorothée,* où il semble avoir résolu dans la perfection le problème qu'ils s'étaient posé.

L'existence des princes d'Allemagne, même des moins considérables, était, en dernière analyse, des plus agréables. Leur revenu consistait principalement en domaines et en droits seigneuriaux. Le surplus provenait de quelques légères impositions sur leurs sujets. Le landgrave de Hesse-Rheinfels n'en comptait pas plus de cinquante à soixante mille, et la totalité de ses revenus ne s'élevait pas à plus de onze ou douze mille francs. La moitié à peu près passait à payer les conseillers, l'administration et les tribunaux. L'autre moitié suffisait à la tenue d'une grande maison, d'une nombreuse écurie, et fournissait à tous les agréments de la vie. Le landgrave habitait souvent Vienne et Paris; il avait les habitudes simples d'un riche particulier, sans faste et sans hauteur. Ses mœurs étaient faciles comme celles des personnes de son rang en France. La landgrave était une princesse de Liechtenstein. Il l'avait épousé sans savoir que la taille de sa fiancée était déformée par un défaut qui s'était développé par la suite d'une manière effrayante. La seule vengeance du mari avait été de ne pas lui adresser la parole, dix années durant. Cette épreuve avait pris fin depuis longtemps à l'époque où je me trouvais auprès de ces personnages. Le landgrave ne déployait point d'ordinaire le faste que les petits princes allemands étalaient dans leurs maisons. Il se refusait le luxe des chambellans et autres officiers du service intérieur.

Mais dans sa grande bonté, il avait recueilli deux émigrés : le chevalier de Routhe, fils de cette Mme de Routhe qui était devenue la dernière femme du maréchal de Richelieu, et un gentilhomme lorrain, M. de Tschudi. Le chevalier de Routhe était beau danseur, et passé maître dans tous les petits talents de société qui pouvaient plaire dans une petite ville et à la campagne. La landgrave avait auprès d'elle une dame lorraine, la baronne de Saint-Félix. A ceux-là se joignaient les institutrices de la princesse Clotilde et les hommes chargés de l'éducation du prince Victor, dans la personne duquel, malgré deux mariages successifs, s'est éteinte cette branche de la maison de Hesse, dont l'origine se perd dans la nuit des temps.

XXIV

En 1791, la Pologne cherchait à se relever de
l'abaissement où l'avaient jetée l'autorité incertaine
de son Gouvernement et les divisions de sa noblesse
turbulente, toujours prête à prendre les armes et à
employer la force au lieu du droit. Les influences
étrangères se disputaient ce malheureux royaume.
Le roi Stanislas Poniatowski n'était parvenu au
trône que par l'intervention toute-puissante de l'impératrice Catherine de Russie, qui l'avait distingué
dans sa jeunesse. L'impératrice, toutefois, ne fut
pas arrêtée dans l'exécution de ses projets ambitieux par l'amitié qu'elle conservait à Stanislas.
Elle accéda au traité de l'Autriche et de la Prusse
qui détermina le premier partage de la Pologne en
1771. — Vingt ans après, les Polonais, dans un élan
de patriotisme, se réunirent dans la pensée de remé-
dier aux maux publics et d'assurer le salut du
royaume. La réunion d'une diète extraordinaire fut
indiquée à Varsovie (1). Elle pourvut d'abord à l'héré-

(1) Il s'agit ici de la fameuse *Diète des quatre années (Czte-
roletni Sejm)*, qui se réunit à Varsovie le 16 octobre 1787, à un
moment où la Russie et l'Autriche, absorbées par la guerre
contre la Turquie, ne paraissaient guère pouvoir intervenir
par la force dans les affaires polonaises. La Diète, en 1791,
établit une constitution régulière; mais la Russie, s'étant

dité de la couronne en choisissant ses rois dans la maison de Saxe, et, malgré quelques divisions de partis inévitables dans les assemblées délibérantes, elle prit les mesures les plus sages, et qui auraient sauvé le royaume si le salut avait été possible.

Pendant ce temps, le duc de Courlande, Pierre de Biren, était en querelle ouverte avec la noblesse de son duché, à l'occasion de quelques droits régaliens qui étaient disputés. La Courlande était originairement un fief dépendant du royaume de Pologne; mais les droits de cette suzeraineté s'étaient affaiblis et presque effacés par la décadence de l'autorité en Pologne.

Tout le monde sait que le père du duc de Courlande était ce fameux Ernest Biren (1), sorti des rangs du peuple et de la domesticité même de l'impératrice Anne de Russie, et qui parvint rapidement à la plus haute faveur auprès de cette souveraine. Il gouverna l'empire sous la tzarine et ce fut par l'influence de cette princesse qu'il fut élevé à la dignité de duc de Courlande, de Livonie et de Semigalle, en 1737, par les États du pays. Mais à la mort de sa souveraine, et sous le règne de l'impératrice Élisabeth, le favori tomba de toute la hauteur de sa

déclarée hostile, envahit le territoire polonais, et, après une courte lutte, Catherine parvint au deuxième partage de la Pologne (1792).

(1) Ou plutôt Bühren, né en 1690, mort en 1772. Il avait en 1769 renoncé à son duché qu'il transmit à son fils Pierre, né en 1724.

fortune. Il fut exilé en Sibérie avec son fils aîné. Tous deux y vécurent plus de vingt ans dans la plus misérable existence. Il en fut rappelé à la mort de l'impératrice Élisabeth, et, à cette occasion, on vit se produire un exemple des jeux où se plaît la fortune. Münnich, qui avait supplanté et renversé Biren, alla à son tour le remplacer dans les déserts glacés de la Sibérie (1). Biren ne retrouva pas en Russie la haute position qu'il avait occupée. Mais il fut assez heureux pour rentrer en possession du duché de Courlande.

Son fils Pierre lui succéda sans rencontrer aucune difficulté. Élevé pendant tout le cours de sa jeunesse dans la vie dure et sauvage d'un exilé sibérien, il en avait gardé un caractère de rudesse et de violence qui le rendait terrible à tout ce qui l'approchait. Marié successivement à deux princesses d'Allemagne, dont l'une était de la maison de Waldeck, il les avait tour à tour rendues victimes de la violence de son caractère. Quelquefois, au moindre mécontentement, il se précipitait sur elles, armé de deux pistolets dont il les menaçait. La princesse de Waldeck était allée finir ses jours en Suisse, dans des crises nerveuses qu'elle devait à ces affreux traitements.

L'âge, qui avait un peu calmé les violences du duc de Courlande, ne lui avait pas fait perdre le goût de

(1) S'il faut en croire M. Waliszewski (*La dernière des Romanow, Élizabeth I*re, Paris, 1902, in-8º), les deux rivaux se croisèrent en route aux environs de Kazan, et se saluèrent sans se parler.

la beauté. Une jeune comtesse de Medem (1), de la plus haute noblesse du pays, avait su, par ses grâces et ses charmes, apprivoiser ce terrible caractère, et, malgré la grande différence d'âge, elle consentit à épouser le vieux duc et trouva grâce devant lui. Il la traita avec plus d'égards, et en eut trois filles d'une beauté remarquable.

Les prétentions que la noblesse de Courlande élevait contre le duc étaient soutenues par la Russie. Il chercha son appui auprès de la couronne de Pologne et de la diète de Varsovie. Les Polonais furent flattés de l'hommage que leur rendait un ancien feudataire qui avait échappé depuis longtemps à leur suzeraineté. On donna au duc de Courlande le conseil d'envoyer la duchesse elle-même à Varsovie pour suivre des intérêts aussi importants. Elle partit jeune, belle, et avec un cortège digne de son rang. Le roi de Pologne, se conformant à la magnificence des mœurs polonaises, lui prépara une réception superbe. Un des palais de la ville fut meublé pour elle aux frais de la République. On lui rendit tous les honneurs dus à une souveraine et on éleva pour elle, dans la salle de la Diète, une tribune vis-à-vis de celle du roi. Stanislas ajouta à cet accueil officiel tout ce que sa grâce, son esprit et sa galanterie pouvaient lui inspirer de plus courtois et de plus délicat pour

____

(1) Le duc Pierre de Courlande épousa, en 1779, sa troisième femme, Anne-Dorothée de Medem, comtesse du Saint-Empire, qui devait lui survivre de longues années, et mourir en 1821.

la jeune et belle princesse. La duchesse de Courlande, de son côté, ouvrit sa maison à tout ce qu'il y avait de plus considérable dans le royaume, et particulièrement à tous les membres de la Diète qu'elle cherchait à capter. Un grand nombre se rendirent à ses invitations; mais les jeunes nonces, dont le groupe était plus nettement républicain, s'en tenaient éloignés.

Parmi ceux qu'elle consultait avec le plus de confiance se trouvait le comte Zabiello. Il avait été au service de la France et on le connaissait à Paris sous le nom du *beau Polonais*. Il fit comprendre à la duchesse de Courlande combien il était important de rapprocher d'elle les dissidents et lui proposa de faire, auprès de ceux qu'il connaissait, des démarches pour les lui ramener. De ce nombre était le comte Batowski, lequel avait aussi servi en France comme capitaine dans le régiment de Royal-Suède, commandé par le célèbre et malheureux comte de Fersen.

Le comte Zabiello alla un jour chez son jeune ami et lui demanda pour quelle raison il tenait rigueur à l'aimable et belle princesse qui faisait les délices de Varsovie. Le comte Batowski lui répondit qu'il trouvait fort inconvenant que les membres de la Diète, appelés à juger le procès de la noblesse de Courlande contre le duc, allassent faire leur cour à la duchesse et figurer dans ses salons. Zabiello combattit cette opinion, suivant lui par trop républicaine et lui dit qu'une jolie femme avait toujours droit à tous les hommages. Il ne réussit cependant

pas à cette première tentative pour servir la duchesse
et ce ne fut qu'après avoir plusieurs fois renouvelé
ses instances qu'il parvint à décider le fier nonce à
rendre une visite à la duchesse.

Le comte Batowski ne comptait pas dans les premiers
rangs par sa famille, qui habitait du côté des frontières de la Galicie. Mais il avait puisé dans son éducation et dans un long séjour en France des connaissances variées, le goût des idées nouvelles qu'il étu-
diait, les manières du monde et de la meilleure compagnie qu'il avait fréquentée. Il se trouva ainsi fort
en avant de tous les nonces de son âge, sur lesquels
il avait acquis une véritable influence. C'est ainsi
qu'il avait été signalé à la duchesse de Courlande
comme un de ceux qu'il était le plus essentiel de
gagner. Elle le reçut avec une politesse plus marquée,
et, à la seconde visite qu'il lui fit, elle se hasarda à
lui parler des grands intérêts qui l'avaient amenée
à Varsovie. Batowski accueillit avec froideur cette
première sollicitation et dit à la duchesse que la
Diète rendrait dans ce différend la justice la plus
impartiale. Il n'y avait pas là de quoi satisfaire la
duchesse qui était tous les jours plus convaincue
que le sort du procès dépendait du parti que pren-
draient les jeunes nonces. Mais c'était en vain qu'elle
avait cherché diverses occasions de rattacher le
comte Batowski à ses intérêts. Il lui avait toujours
opposé une sévérité tout officielle.

Un jour, enfin, elle obtint que le jeune nonce vînt
dîner chez elle. Après l'avoir traité de la plus flat-
teuse distinction, elle lui demanda de l'accompa-

gner dans un cabinet situé près des salons de réception. Là, sur un canapé où elle avait fait asseoir le comte Batowski, tournant vers lui des regards charmants et qu'elle savait rendre suppliants, elle lui exposa les dangers de sa situation. Le duc la rendait responsable du succès, et, avec un caractère aussi terrible que le sien, « on ne pouvait savoir jusqu'où irait son ressentiment ». Tout cela était bien dit, avec l'émotion qui ajoute à l'éloquence, et quelques larmes roulaient dans ses beaux yeux. Batowski fut vaincu par tant de charmes et de séduction.

« Eh bien ! Madame la duchesse, lui dit-il, vous le voulez? Je prendrai sur moi la conduite et le succès de l'affaire qui a pour vous une telle importance. Mais j'y mets une condition rigoureuse : j'en resterai seul chargé et vous ne prendrez d'autres conseils que les miens. J'entends que vous ne fassiez plus auprès de personne des sollicitations qui sont au-dessous de votre rang. »

La duchesse, d'abord interdite, n'osait s'arrêter à un parti aussi déterminé. Mais enfin, prenant confiance dans cette assurance et cette fermeté de caractère qu'on lui montrait, elle finit par accepter la condition qui lui était imposée.

Dès cet instant, le comte Batowski servit de tout son zèle et de toute son activité les intérêts du duc de Courlande. Il entraîna tout le parti des jeunes nonces et fit des prosélytes dans les autres. Il dirigea la duchesse dans la conduite qu'elle devait tenir pour augmenter le nombre de ses partisans. Il est à supposer que ces communications journalières et intimes avec une aussi jolie femme ne manquèrent pas de lui inspirer un sentiment des plus tendres. Mais il était trop délicat pour mettre un tel prix à ses services. Le roi, d'autre part, aimable et galant, offrait à la duchesse des hommages d'autant plus flatteurs qu'ils étaient publics. Il se montrait favorable à la cause qu'elle était venue défendre.

Enfin arriva le jour où la Diète du royaume allait décider de cette grande contestation. La discussion fut soutenue de part et d'autre par de brillants discours. La duchesse de Courlande était dans la tribune qu'on lui avait élevée vis-à-vis celle du roi. La question fut vivement débattue. Batowski et ses amis firent des efforts inouïs. Cependant, quand on vint à recueillir les voix, la majorité se trouva favorable à la noblesse de Courlande. La duchesse, qui avait passé par tous les degrés de l'émotion, tomba évanouie en apprenant la fatale nouvelle. Les chefs de la noblesse polonaise, qui avaient fait pencher la balance de ce grand débat, assurés de leur succès, sortirent de l'assemblée avant que la séance fût levée. Batowski, malgré son désespoir, avait conservé toute sa présence d'esprit, et, profitant du droit que lui donnait le règlement de la Diète, il demanda que la décision prise au début de la séance fût remise aux voix. Des cris s'élevèrent de toutes parts; on dit que la question était jugée, qu'un grand nombre de nonces, se fiant au vote, étaient sortis de la salle. Il ne se laissa point intimider, insista sur son droit positif de faire recommencer les suffrages et il obtint une notable majorité au milieu des clameurs du parti contraire. La séance fut levée sur ce succès inattendu.

L'heureux nonce monta aussitôt à la tribune de la duchesse, et quel ne fut pas son effroi en la trouvant pâle et sans connaissance ! Ce fut en entendant ses paroles, en apprenant de lui-même ce retour inespéré de fortune que la duchesse reprit ses sens, pour ainsi dire dans les bras de son ami. Sa reconnaissance fut aussi vive qu'elle était naturelle. Elle donna au comte Batowski tous les témoignages de l'amitié la plus vive, que rien ne devait effacer. Ce fut dans ces sentiments qu'elle partit, et son retour vers son mari fut un véritable triomphe.

Cependant, la Diète de Varsovie continuait à pourvoir à l'établissement du Gouvernement qui devait assurer la tranquillité et l'indépendance de la Pologne. En même temps, on décida que pour maintenir les droits de suzeraineté que la Courlande venait de reconnaître, il serait choisi parmi les personnes les plus considérables un commissaire général de la République qui résiderait à Mittau auprès du duc de Courlande. Cette mission de représenter son souverain près du grand feudataire était considérable, brillante, et traitée comme exigeant une grande représentation. Les plus grands de l'État y prétendaient.

Batowski était bien éloigné d'une pareille ambition. Mais un matin il vit entrer chez lui le comte Baratinski, considéré par son mérite, son âge et ses emplois.

— Je ne viens point, lui dit celui-ci, mon cher

comte, pour sonder vos secrets. Je suis animé par la seule idée du bien public. Je crois que vous rempliriez mieux qu'un autre la charge de commissaire général à Mittau. »

Batowski, stupéfait, répondit qu'une telle prétention ne lui était jamais venue dans la pensée.

« Mais, reprit Baratinski, vous avez des amis nombreux à la Diète. Ménagez-vous leurs suffrages dans le plus grand secret. Je suis porté à cet emploi par un grand nombre de nos collègues. Dans l'intérêt de la patrie, je tournerai en votre faveur, au dernier moment, les suffrages de mes amis. Le succès de ce projet tiendra avant tout à ce que le secret n'en soit pas éventé. »

Batowski mit en effet la plus grande réserve à se préparer les voies qu'on lui avait indiquées. Le jour même où la Diète allait faire ce choix si important, le comte Baratinski dit à ses partisans qu'il était de l'intérêt public que cette grande mission fût confiée à celui qui pouvait le mieux la remplir; que le comte Batowski, par les services qu'il avait rendus à la cause du duc de Courlande, aurait plus de faveur auprès de ce prince et aurait d'autant plus d'influence sur lui. Il fit si bien que le jeune nonce fut désigné pour ce poste éminent. Le commissaire général partit environné d'une suite nombreuse et dans tout l'apparat de sa haute position. Le duc et la duchesse vinrent le recevoir à la frontière de leurs États.

Il y avait dans cet événement inattendu, qui rapprochait la duchesse de Courlande et son ami, quelque chose d'enivrant, et, pendant tout le temps de son séjour à Mittau, il fut comblé de toutes les faveurs que peut accumuler la fortune sur un simple mortel. Mais l'impératrice Catherine n'avait pas vu sans quelque inquiétude les efforts de la Pologne pour se réveiller de sa torpeur ordinaire, et elle avait fait partager ses appréhensions aux puissances qui s'étaient unies pour effectuer le premier partage de ce pays en 1771. Pour mieux préluder au second, elle se décida à mettre ses troupes en mouvement et à faire occuper d'abord la Courlande. Le duc, pour éviter de se trouver engagé dans ce conflit, puisqu'il ne pouvait opposer aucune résistance à l'envahissement de ses États, partit pour le duché de Sagan, que par une sage précaution il avait acquis en Silésie, afin de s'assurer un refuge. La duchesse s'était rendue à Berlin pour y faire ses dernières couches. Le comte Batowski avait cru devoir demeurer à Mittau pour y faire tête à l'orage. Il le croyait encore éloigné lorsqu'un jour, étant à dîner avec dix ou douze convives, on vint l'avertir que le chargé d'affaires de Russie demandait à lui parler. Il fit répondre que l'heure était mal choisie et qu'il priait l'agent diplomatique de revenir le lendemain. Mais celui-ci insista. Ce qu'il avait à dire au comte Batowski ne permettait aucun retard et importait à sa sûreté. Le comte se leva de table et vint recevoir l'importun visiteur, dont l'allocution fut courte. Il lui dit que les troupes de S. M. l'impératrice entreraient sous peu de jours en Courlande, et qu'il avait reçu de sa souveraine des instructions portant qu'il devait intimer à Batowski l'ordre de partir dans les vingt-quatre heures, sous peine d'être conduit en Sibérie s'il se trouvait encore à Mittau lors de l'entrée des troupes russes.

Le commissaire général de la République de Pologne fit assez bonne contenance pendant le reste du dîner. Mais la chute était trop prompte, trop inattendue pour ne pas en être troublé. Cependant, il fallait prendre un parti, et il n'y en avait pas d'autre que de céder à la force. Il obtint un sursis de deux jours et retourna à Varsovie dans un état d'esprit et de cœur bien différent de celui qui l'animait à son départ. Il aurait pu dire avec le poète :

> Que la bonne fortune aime en femme publique,
> Que ses attraits sont faux et sa faveur tragique;
> Et qu'amante cruelle, après ses feux passés,
> Elle étouffe en ses bras ceux qu'elle a caressés.

Le malheureux comte partit bientôt pour Berlin, où la duchesse de Courlande venait de faire ses couches. Le ministre de Russie avait l'ordre de l'impératrice de faire enlever et disparaître l'enfant s'il était du sexe masculin. Elle ne voulait pas qu'il existât un hértitier mâle qui pût prétendre au duché qu'elle se proposait d'acquérir, et personne n'aurait osé résister à cet enlèvement que la politique et la raison d'état semblaient justifier. Ce fut, par bonheur, une princesse qui vint au monde (1).

(1) Dorothée de Courlande, née à Berlin le 24 août 1793. — Elle devait être plus tard comtesse de Périgord, puis duchesse de Dino, titre sous lequel elle est surtout connue en France. Elle retourna en Allemagne après la mort de

Il paraît que le duc de Courlande, adouci par l'âge, laissa assez de liberté à sa femme pour qu'elle pût songer à se créer un établissement séparé, car le comte Batowski finit par quitter Berlin pour aller en Suisse acheter au nom de la duchesse une terre sur les bords du lac de Genève. Il en avait trouvé une, au-dessus d'Eaubonne, connue sous le nom de *Signal de Vougy*. Cette habitation était célèbre pour avoir appartenu à Tavernier, le fameux voyageur en Orient. A son retour, il avait trouvé ce site magnifique, plus beau, disait-il, que tout ce qu'il avait rencontré dans ses voyages, et il s'y était fixé. Cette terre était à vendre au moment dont je parle. Ba-

Talleyrand, dont elle avait été l'Égérie. Elle y mourut en 1862. — Belle, ardente et impérieuse, douée d'un orgueil infini, qui descendait parfois jusqu'à la vanité, elle haïssait la France et tout ce qui était français, et elle eut une existence des plus mouvementées, qu'il est impossible de retracer dans une simple note. Elle joua un rôle important, jusqu'en 1837, dans la société parisienne. On a publié d'elle un volume de *Souvenirs* (Paris, s. d. Calmann-Lévy, in-8°) fort vivement écrit, et qui donne un aperçu de ce qu'elle *voulait* *être*. Ce qu'elle *était* est assez différent. Elle eut au surplus avec le baron de Vitrolles des relations qu'il serait intéressant de préciser. Il est à noter que ni M. Ét. Lamy, qui écrivit la préface de ses *Souvenirs*, ni la duchesse elle-même n'eurent connaissance des récits de M. de Vitrolles. Mais ceux de nos lecteurs qui voudraient faire la comparaison pourront se rendre compte de la parfaite concordance des deux textes. Seulement celui de M. de Vitrolles est le revers de la brillante tapisserie élaborée par la duchesse de Dino, et donne très exactement les précisions qui font défaut dans son agréable narration.

towski alla la visiter. Je ne sais pour quel motif il ne put ou ne voulut pas l'acheter. C'est comme il revenait de ce voyage que je le rencontrai dans une auberge de Schaffhouse. Je fus frappé par l'expression de sa figure et par le mystère dont il s'environnait. C'était une de ces apparitions singulières qui se gravent dans la mémoire, et, bien qu'il me fût inconnu, je ne laissai pas d'en conserver le souvenir. Je n'avais pas encore eu assez d'événements dans ma vie pour qu'un tel personnage ne fît pas impression sur mon esprit, et je racontai les détails de cette rencontre à Mme la duchesse de Bouillon.

XXV

Après les couches de Mme de Vitrolles, qui avaient
eu lieu à Erfurt, j'étais parti pour aller voir ma mère
et mes chers parents qui avaient dû quitter Lausanne par suite de l'entrée des troupes républicaines
en Suisse. Ils étaient venus se réfugier à T., jolie
petite ville de la Souabe, sur les bords délicieux du
lac de Constance. Pendant ce temps, l'humeur
voyageuse du prince Emmanuel de Salm avait transporté notre colonie aux eaux de Ronneburg, situées
dans le duché d'Altembourg, entre la ville de ce nom
et celle d'Iéna, devenue depuis si célèbre. C'est là
que je retrouvai mes amis, ma femme et mon enfant
nouveau-né.

Quelques jours après mon arrivée, donnant le bras
à Mme la duchesse de Bouillon, nous entrâmes par
curiosité dans la salle de la redoute, où devait avoir
lieu, le soir même, le bal nécessaire dans toutes les
villes d'eaux. Il n'y avait personne en ce moment
dans cette grande pièce, excepté une seule figure à
l'autre extrémité du salon, que je reconnus immédiatement pour être mon voyageur de Schaffouse. Je
pressai le bras de Mme la duchesse de Bouillon.

« Voyez donc, lui dis-je, c'est lui ! C'est lui !

— Comment, répondit-elle, qui donc, *lui ?*

— Cet homme singulier dont je vous ai parlé et qui m'a si fort intrigué à Schaffhouse ! »

Le soir venu, quand nous allâmes assister au commencement du bal, ce monsieur s'y retrouva également. Il tournait autour de nous et cherchait manifestement l'occasion de parler à Mme de Bouillon et de lui demander l'autorisation de la voir. Il connaissait trop le monde de Paris pour ne pas attacher un grand prix à des relations que le hasard mettait à sa portée. Nous sûmes bientôt par lui-même et par d'autres qu'il était le comte Batowski, qu'il habitait dans le voisinage le beau château de Löbichau, appartenant à la duchesse de Courlande; qu'elle y passait six mois tous les ans et les autres six mois à Sagan, auprès de son mari et de ses filles. Elle y conduisait la cadette, Dorothée, née à Berlin, dont elle ne se séparait jamais, et qui se mêlait avec ses sœurs sans que le duc de Courlande parût y prendre garde. Mais il ne lui adressait presque jamais la parole.

Pour le moment, la duchesse était à Sagan, et le comte Batowski habitait seul le château de Löbichau, avec quelques dames attachées à la maison. Il s'empressait de jour en jour davantage auprès de Mme de Bouillon et s'appliquait à nous attirer à Löbichau, que nous allâmes voir une fois. Il aimait à laisser deviner tous les sentiments qui l'attachaient à la maîtresse de ces lieux, et on aurait pu dire de lui comme du coq :

Point ne chantait, mais il battait de l'aile.

Vers la fin de la saison des eaux, on discuta la
question de savoir si nous retournerions à Erfurt ou
si nous n'irions pas plutôt passer l'hiver à Altembourg. Ce dernier parti fut arrêté sur les instances du
prince de Salm et suivant le goût qu'il avait de changer de séjour. Les visites que le comte Batowski nous
faisait avaient continué, très assidues, lorsqu'au
bout de deux mois la duchesse de Courlande revint
dans sa belle habitation. Les correspondances de son
ami lui avaient fait partager toute son admiration
pour Mme la duchesse de Bouillon et son intérêt pour
nous. Elle vint aussitôt, avec la plus aimable prévenance, faire connaissance avec notre princesse et
inaugurer une liaison qui ne tarda pas à devenir fort
intime. Elle était jeune encore; sa taille charmante
n'était pas élevée, sa figure était fraîche comme celle
des filles du Nord, ses traits gracieux, ses yeux charmants, sa bouche délicate, ses dents superbes. Le
seul défaut de son visage était peut-être son nez un
peu trop long. Son esprit n'avait pas précisément de
la supériorité, mais elle parlait plusieurs langues
avec une grande facilité et le français avec une pointe
d'accent étranger qui n'était pas désagréable. Sa
parole était gracieuse et abondante, parfois avec
quelque excès, dans l'intimité.

Elle nous amenait continuellement sa fille Dorothée, âgée de quatre ou cinq ans, charmante enfant,
précoce d'esprit et d'imagination, vive et animée
dans tous ses mouvements. On aurait pu reprocher
à ses yeux d'être trop grands. Ses cheveux étaient
très noirs et sa physionomie brune et pleine d'expres-

sion. En un mot, ce n'était pas une enfant comme une autre.

Parmi les motifs qui rendaient la duchesse de Courlande si aimable pour nous, il en était un que nous n'avions pas deviné, mais qui nous fut révélé par les personnes initiées aux secrets de la maison. Le caractère du comte Batowski était loin d'être égal. Il avait des moments d'humeur, des temps de sombre mélancolie. L'expression de ses sentiments pour la duchesse de Courlande s'en ressentait. Elle avait eu parfois à en souffrir. Mais le plaisir de nous faire connaître cette princesse et le désir de la faire valoir avait renouvelé la vivacité et l'expression de ses sentiments et la duchesse nous en savait gré.

A la belle saison, nos courses au château de Löbichau devinrent plus fréquentes, et surtout celles que j'y faisais à cheval. Un jour que j'arrivais, on me dit que la duchesse et le comte se promenaient dans les jardins. C'était pendant la grande chaleur du jour. Je les vis bientôt arriver. La duchesse s'appuyait sur le comte Batowski et portait sur son bras un lourd panier de fruits qu'elle venait de cueillir. Elle avait sur la tête un grand chapeau de paille dont les rubans tombaient dénoués.

« N'est-ce pas, cher Monsieur de Vitrolles, me dit-elle, que nous avons l'air de deux bons bourgeois? »

Au surplus, nos communications étaient continuelles. Nous dînions très souvent ensemble, soit à Altembourg, soit à Löbichau. Les bonnes grâces que la duchesse avait pour tout le monde se tournaient pour Batowski en témoignages de la plus vive affection. Sa reconnaissance pour le nonce de la Diète de Varsovie se révélait par les attentions les plus recherchées. Elle environnait sa vie de tous les agréments qu'elle pouvait inventer. Ingénieuse à prévenir tous ses désirs, elle allait au-devant de tous ses goûts. Il aimait les livres, les belles éditions; elle allait chercher elle-même à Leipzig, les plus beaux ouvrages sortis des presses de Londres et de Paris, les plus beaux classiques in-folio de Didot et autres.

Toutes ces prévenances, auxquelles il était trop habitué, n'obtenaient pas toujours les témoignages de gratitude qu'elles méritaient. Le caractère de Batowski était fantasque, son humeur inégale; il ne savait pas en dominer les variations. Il recevait en pacha, et comme des hommages qui lui étaient dus, ces avances prodiguées par la princesse, et dont les dames de sa suite s'étaient également fait une règle. C'était au point d'être un sujet d'étonnement pour ceux qui en étaient témoins. Il me semblait voir ce que l'on racontait autrefois des aumôniers de couvent, que les religieuses comblaient de cajoleries et de friandises. Cette année-là même, le comte Batowski avait rêvé une singulière et peu aimable fantaisie. Il voulait avoir une habitation pour lui tout seul à plus d'une demi-lieue du château de Löbichau. Il en avait choisi l'emplacement dans un site charmant, comme on en trouve tant dans ce pays. Aussitôt on avait écrit en Italie. Des plans étaient arrivés, puis des architectes, et un pavillon délicieux s'élevait, dont nous fûmes appelés à poser la première pierre.

Le nom du prince de Salm et le mien furent gravés sur une plaque de cuivre et scellés dans la fondation de cet édifice, construit dans un endroit appelé Tannenfeld. On me permit de le baptiser du nom de *Petit-Bien*. Le pavillon fut achevé dans l'année et, dès l'hiver suivant, on l'environnait de quinze ou vingt chênes centenaires choisis dans les forêts voisines. Les travaux d'enlèvement, de transport et de replantation étaient immenses. A force de soins et de dépenses, on parvint, dit-on, à en faire réussir un assez grand nombre. — Que de peines pour se séparer d'un intérieur plein de charmes et de délices !

Bientôt arriva l'époque fatale. Les six mois étaient écoulés, et ses devoirs rappelaient la duchesse à Sagan. Dans une dernière visite que je lui faisais, elle me recommanda dans les termes les plus touchants et les plus naïfs, la solitude du *bon ami*.

« Il vous aime tant ! disait-elle, et il sera si triste ! »

Il était difficile de ne pas céder à de si douces paroles, qu'elle renouvela en nous faisant ses adieux avec infiniment de grâce et de bienveillance. Et en effet, après son départ, je continuai à faire quelques visites au comte Batowski. L'accueil qu'il me faisait fut tout d'abord des plus empressés. Il semblait que ma présence éclairait d'une lueur de plaisir ce visage qui était naturellement sombre. Mais à mesure que la journée s'avançait, l'effet que j'avais produit tendait à disparaître. Un soir, entre autres, nous rentrions à travers les grands bois du parc, et peu à peu la tristesse semblait avoir jeté ses voiles sur le pauvre comte. Il me parlait des malheurs de sa situation, de sa vie sans occupation et sans intérêt, de sa famille éloignée, de sa patrie perdue, enfin il me fit je ne sais quelle énumération de toutes ses douleurs et de toutes les raisons qu'il avait de détester la vie.

J'avais écouté ce monologue à la Shakespeare d'abord avec pitié, ensuite avec impatience. Enfin, je n'y tins plus et m'arrêtai devant lui, les bras croisés sur la poitrine.

« Mais, en vérité, mon cher comte, lui dis-je, c'est une espèce de démence ! Vous, malheureux ! Vous, comblé de tous les bonheurs qu'un homme puisse rêver? Vous, adoré d'une femme dont le rang peut flatter autant que ses charmes peuvent séduire et attacher ! Vous, environné de toutes les faveurs de la fortune? En vérité, personne ne pourrait le croire. Vous me parlez de votre patrie et de votre famille. Je ne vous dirai pas trivialement que la patrie est là où l'âme est fixée. Mais je vous demanderai quelle est la patrie qui vous comblerait d'autant de biens et de faveurs, quelle est la famille qui vous environnerait de plus d'affection? Enfin, mon cher comte, on ne vous a vraiment rien laissé à désirer !... »

Le pauvre Batowski, honteux, se mit à larmoyer.

« C'est précisément parce que n'ai plus rien à désirer, dit-il enfin, que je suis si malheureux ! »

Ces paroles furent pour moi une grande leçon, et je ne l'ai jamais oubliée. — Nous quittâmes nous-mêmes le séjour d'Altembourg vers la fin d'août, aussitôt après les secondes couches de Mme de Vitrolles (1). Nous hâtions notre voyage pour nous rapprocher des frontières de France et avec l'intention d'y rentrer. Mais, en arrivant à Francfort-sur-le-Mein, nous apprîmes la nouvelle du 18 fructidor, qui nous fermait encore une fois les portes de la patrie.

(1) Naissance d'Amélie-Edwige-Joséphine-Emma-Philippine de Vitrolles, née à Altembourg le 10 juillet 1797, morte sans alliance à Florence le 23 août 1829. Mlle de Vitrolles a laissé une réputation de piété profonde et de chaı ité inépuisable qui s'est conservée jusqu'à nos jours, et son tombeau, dans la chapelle du château de Vitrolles, est encore l'objet de la vénération publique.

XXVI

Deux ans après l'époque où s'arrête le récit qui précède, la santé de la duchesse de Courlande l'obligea de se rendre aux eaux de Carlsbad. Le comte Batowski ne pouvait l'y accompagner, le territoire autrichien lui étant fermé comme à tous les Polonais qui avaient pris part au mouvement de 1791. Parmi les étrangers qui s'empressaient, dans ce nouveau séjour, auprès de la belle duchesse, se trouvait le baron d'Armfeldt, Suédois, célèbre dans la guerre et dans la politique, à différentes époques et en divers lieux. Il avait été particulièrement connu comme l'ami favorisé de Gustave III. Sa vie aventureuse avait été mêlée de tant d'événements, de tant de changements de fortune, d'intrigues et d'amours qu'il serait impossible de les raconter (1). Il était d'une grande taille, mais il avait le corps trop long, porté sur des jambes trop courtes. Sa figure avait pu être belle, mais elle était passablement défaite et très jaune. Il attribuait ce changement à un poison qui lui avait été donné à Naples, par ordre, disait-il,

(1) Sur ce personnage, on peut consulter les *Souvenirs et Fragments* du marquis L.-J.-A. DE BOUILLÉ, t. I, pp. 401 et suiv. Le baron d'Armfeldt avait été désigné par Gustave III pour faire partie du Conseil de régence, aussitôt après le **crime** d'Ankarstroëm.

du duc de Sudermanie, lorsqu'après l'horrible assassinat de son frère par Ankarstroëm, il était devenu régent du royaume et s'était déclaré l'ennemi personnel du baron d'Armfeldt. Le baron avait de la dignité dans les manières, de la séduction dans l'esprit, et il l'employait volontiers auprès des femmes. Sa conversation, intéressante et nourrie de ce qu'il savait et de ce qu'il avait vu, ne pouvait manquer de plaire à la duchesse de Courlande, qui goûta sa société et l'accueillit avec une particulière bienveillance.

L'année suivante, elle retourna à Carlsbad. Elle y retrouva le baron d'Armfeldt, plus empressé que l'année précédente. Il avait déjà toute sa confiance, lorsqu'elle apprit que le duc de Courlande, qui était à Prague, se trouvait à toute extrémité. Il mourut en effet bientôt après (1).

Dans le trouble où la jeta cet événement, elle avoua au baron d'Armfeldt qu'elle avait des engagements très sérieux envers le comte Batowski. Sa reconnaissance pour lui était allée jusqu'au point de lui promettre de l'épouser dans l'année qui suivrait la mort du duc de Courlande. Et suivant un usage assez répandu dans le Nord, mais que nos mœurs n'admettraient pas, elle lui avait signé un dédit de quinze cents mille francs. M. d'Armfeldt se récria, et lui prouva par les meilleures raisons qu'elle ne pouvait

(1) Le duc mourut à Gellenau dans le comté de Glatz, en Silésie, le 13 janvier 1800. Ses obsèques furent célébrées à Sagan.

accomplir un pareil mariage. Non seulement elle perdrait tous les avantages de son rang, mais, ce qui était plus encore, elle compromettrait les alliances de ses filles. Elles pouvaient en effet prétendre à tout en tant que princesses de Courlande. Mais, faites pour épouser des princes, elles n'en trouveraient sans doute point pour s'unir aux belles-filles de M. Batowski. Dans une telle extrémité, mieux vaudrait encore payer les quinze cents mille francs si le gentilhomme polonais était de caractère à les exiger.

Ces raisons et bien d'autres encore pénétraient facilement un cœur déjà séduit par une nouvelle affection. La duchesse était dans la plus grande perplexité. Elle ne savait où trouver le courage de faire une semblable déclaration à son ancien ami. Le baron d'Armfeldt lui proposa de l'accompagner pour la soutenir de ses conseils et de sa présence. Il fut décidé qu'elle écrirait à Batowski en lui demandant de venir au-devant d'elle à Meissen près de Dresde. Le rendez-vous arrêté, la duchesse y arriva suivie du baron d'Armfeldt qui se tint fort à l'écart. Mais sa seule présence donnait à la duchesse un courage qu'elle n'aurait jamais eu sans lui. Elle eut de longs pourparlers avec le comte Batowski, lui expliqua toutes les raisons de famille, d'intérêt et de devoir qui l'empêchaient de s'unir à lui. Elle acceptait néanmoins l'éventualité de remplir les autres engagements qu'elle avait pris. Batowski se révoltait, passait de la colère aux supplications, cherchait à ramener le cœur de la duchesse aux sentiments sur lesquels il avait trop compté, et que les défauts de son caractère avaient aliéné. On dit qu'ils passèrent plus de vingt-quatre heures de suite dans ces discussions, sans que l'ancien ami pût rien gagner sur elle.

Pendant ce temps, Batowski ne voyait le baron d'Armfeldt qu'aux heures des repas. Mais il comprenait bien ce que sa présence avait de fatal. Enfin, dans une dernière entrevue, après avoir inutilement épuisé toute l'éloquence des sentiments et des souvenirs, il prit l'acte du dédit et le jeta au feu. Ce moment fut plein d'émotion. La duchesse s'élança dans ses bras et lui promit toute l'amitié qui peut succéder à un sentiment plus tendre.

Le lendemain, on vit la duchesse, le baron d'Armfeldt et Batowski partir ensemble, et avec tous les dehors d'un excellent accord, pour se rendre au château de Löbichau. Mais il était difficile de croire que cette bonne entente pût être durable. L'ancien ami avait beau se retirer à *Petit-Bien,* l'idée qu'il laissait le champ libre à l'ami nouveau, si elle ne blessait pas son cœur, irritait son amour-propre. La duchesse avait beau faire pour tenir la balance égale, au moins en apparence, les deux rivaux étaient tous les jours au moment d'en venir à la querelle ouverte. Le comte Batowski vit bientôt que c'était à lui de céder la place. Il résolut de s'éloigner. La duchesse de Courlande n'y consentait qu'avec peine. Elle connaissait la position de fortune de son ancien ami. Elle exigea de lui qu'il acceptât une pension de trois mille ducats (plus de trente mille francs), comme une légère compensation, disait-elle, du sacrifice que le comte avait fait d'une manière si généreuse. Il annonça son départ pour Hambourg, dans l'intention d'y rejoindre un de ses amis, M. Walkers, ancien banquier de la Cour à Bruxelles. — Un an après, il épousait sa fille.

XXVII

La mort du duc de Courlande avait ramené auprès de la duchesse ses trois filles aînées : la princesse Dorothée était la quatrième. Elles étaient toutes d'une beauté remarquable. L'aînée (1) méritait peut-être la préférence par sa taille et la perfection de ses traits. Elle héritait par la mort de son père du duché de Sagan, ce qui lui assurait une grande existence et une complète indépendance. Les propositions de mariage arrivèrent de tous côtés, et des plus brillantes. Les princes de Wurtemberg et d'autres, des premières maisons d'Allemagne, sollicitaient sa main. Mais la belle princesse ne paraissait pas pressée de former de tels liens. On disait que, malgré son âge, le baron d'Armfeldt avait réussi à lui plaire, et ce fut lui, peut-être, qui dirigea son choix sur le prince Louis de Rohan. C'était celui de tous les prétendants qui s'imposait le moins, et devait laisser à sa femme la plus grande dose de liberté. Le prince Louis en effet était un émigré, isolé de sa

(1) La princesse Catherine-Whilhelmine, qui succéda à son père comme duchesse de Sagan, et mourut en 1838. On peut à son sujet consulter les *Souvenirs du Congrès de Vienne*, par le comte de La Garde Chambonas (Paris, Vivien, 1901, in-8°, et *Autour du Congrès de Vienne*, par le commandant Weil (*Revue de Paris* des 1ᵉʳ et 15 juin 1913).

famille, et n'avait point encore retrouvé de fortune. Frère puîné du duc de Montbazon, de la branche de Guéménée, neveu du cardinal de Rohan, évêque de Strasbourg, il avait formé un corps de chasseurs à cheval qui avait servi à l'armée de Condé et avait passé ensuite au service de l'Autriche, où il avait obtenu le grade de général-major.

En 1801, le baron d'Armfeldt se trouvait à Paris avec la princesse de Rohan, son mari et sa sœur, la princesse Pauline, qui venait d'épouser le prince régnant de Hohenzollern-Hechingen (1). Quoique le prince Louis ne fût point un mari incommode, sa femme secoua bientôt le joug du mariage, et, protestante qu'elle était, elle fit prononcer son divorce. Quelques années après, le baron d'Armfeldt l'ayant quittée, elle épousait à Vienne le prince Wassili Troubetskoï dont elle se sépara encore de la même manière (2). Plus tard, elle se remaria de nouveau avec le comte Rodolphe de Schulembourg. Elle

(1) Le 26 avril 1800. La duchesse de Dino a laissé de son beau-frère ce croquis en raccourci qui donne une exacte idée de sa manière. « ... Fort grand seigneur, sans doute, de qui je n'ai d'autre mal à dire que l'impossibilité où je suis de le louer sur autre chose que l'éclat de sa naissance » (*Souvenirs*, p. 120).

(2) En 1815, pendant le congrès de Vienne, où elle partageait avec la princesse Bagration le sceptre de la mode, et où elle fut la maîtresse de Metternich, la duchesse de Sagan, fort mal en point, malgré son immense fortune, disait volontiers : « Je me ruine en maris... » Elle faisait en effet une pension à Louis de Rohan et au prince Troubetskoï.

passa ainsi sa vie, égarée par son cœur et mal contenue par son esprit. Dans les derniers temps de son existence, elle paraissait vivement entraînée à embrasser la religion catholique. Il y avait déjà des démarches faites à Rome à ce sujet, et même auprès du duc de Rohan, à qui ce changement de religion aurait ramené sa femme.

La troisième fille du duc de Courlande, la princesse Jeanne, avait eu à traverser de plus fatales circonstances. Quelque temps avant la mort de son père, un artiste attaché à la musique du duc de Courlande à Sagan avait eu l'audace de lever les yeux sur cette belle princesse, à peine âgée de seize ans. Il sut profiter de son innocence pour la faire consentir à un enlèvement. Elle partit en emportant ses bijoux. Les projets de son ravisseur étaient de la conduire en Amérique et de l'épouser. Il avait déposé sur sa route, chez un de ses amis, cette malheureuse enfant et s'était rendu à Hambourg pour vendre les diamants et préparer l'embarquement de sa victime. Le vieux duc de Courlande, qui avait déjà un pied dans la tombe, reçut un coup mortel de l'évasion de sa fille. Il fit partir sur-le-champ, et sur toutes les routes, des officiers de la garnison prussienne de Sagan. L'un d'eux, arrivant à Erfurt, dans un des principaux hôtels de la ville, s'informa pour savoir si on avait vu passer une jeune personne avec un jeune homme dont il donnait le signalement. Personne ne répondait à ses questions, lorsqu'un étudiant de l'Université, assis près du grand poêle de la salle, se leva.

« C'est singulier, dit-il, j'ai vu chez mon professeur de musique une jeune personne nouvellement arrivée et qui ressemble bien à celle que l'on cherche...»

L'officier prussien le prit au collet et se fit conduire chez le professeur, où il trouva en effet la malheureuse princesse dans un effroi indicible et effarouchée comme une pauvre tourterelle prise aux filets. Le baron de Dalberg, coadjuteur de Mayence, gouvernait encore le pays d'Erfurt. Il était pitoyable aux femmes et le fut davantage encore pour cette malheureuse jeune fille. Il la prit chez lui et chercha par toutes sortes de bontés à calmer ses douleurs et à la rassurer. Trois jours après, elle s'embarqua dans une calèche, avec l'officier prussien, et une femme respectable que le coadjuteur lui avait choisie pour ce voyage. Elle fut ainsi ramenée à Sagan. Le duc, son père, instruit de son retour, ne voulut pas attendre une fille qu'il avait juré de ne pas revoir. Il se retira à Prague et mourut peu de temps après, dans les premiers jours de l'année 1800.

Le duc de Courlande avait nommé parmi les tuteurs des princesses, ses filles, le comte de Wratislaw qui était à la tête de la police de Bohême. Dans l'exécution des devoirs que lui imposait la confiance du duc de Courlande, le tuteur surveillait les lettres adressées à la princesse Jeanne. Il en intercepta plusieurs, écrites par le musicien. Ce malheureux, désespéré qu'on lui eût arraché sa proie, comptait assez sur les sentiments qu'il croyait avoir inspirés pour la décider à une nouvelle fuite. Il rôdait sur les frontières de Bohême; mais il paraît certain qu'on lui tendit un piège, en l'engageant, au nom de la princesse, à se rendre à Égra, ville située sur les limites du royaume de Bohême, et là il fut arrêté par les ordres du comte de Wratislaw. On assure que, conduit dans les prisons du château, il y fut décapité.

La princesse Jeanne épousa quelque temps après le duc d'Acerenza, de la grande maison des princes Pignatelli-Belmonte, de Naples (1).

La princesse Dorothée, plus jeune que ses sœurs, resta plus longtemps auprès de sa mère. Elle était ornée de toutes les grâces du visage et de tous les charmes qui peuvent être réunis dans une jeune personne. Son esprit avait de l'étendue, on pourrait presque dire de la supériorité. Sa facilité à comprendre était admirable et son instruction s'étendait à tout ce qu'elle voulait atteindre. Son mariage fut presque le seul résultat des conférences qui eurent lieu en septembre 1808 entre Napoléon et l'empereur de Russie. Celui-ci, exprimant à M. de Talleyrand sa satisfaction des services qu'il lui avait rendus, ajouta qu'il aimerait à trouver une occasion de lui en témoigner sa reconnaissance. M. de Talleyrand était toujours prêt à tirer parti de ce genre de bonnes volontés. Il dit à l'empereur qu'il serait heureux d'obtenir, pour

____

(1) Le 18 mars 1801. « Je n'ai jamais pu trouver à ce mariage, dit la duchesse de Dino, d'autre raison que l'importunité à laquelle, à seize ans, ma pauvre sœur ne sut pas résister » (*Souvenirs*, p. 121). — On peut entrevoir, dans le récit du baron de Vitrolles, quelques-unes des « raisons » qui déterminèrent cette union.

son neveu, le comte Edmond de Périgord (1), la main
de la princesse Dorothée de Courlande. L'empereur,
se rendant à Saint-Pétersbourg, passa la première
nuit de son voyage au château de Löbichau et fit
les premières ouvertures. Un pareil entremetteur ne
pouvait pas être refusé. Les négociations de cette
union furent ensuite suivies par le comte Batowski,
qui rentra ainsi en scène. Peu de temps après son
mariage, il était venu s'établir en France et avait
acheté le château de Carlepont, ancienne maison de
campagne des évêques de Noyon. Vers la fin de 1806,
au moment où Napoléon dirigeait ses armées vers la

(1) Alexandre-Edmond de Talleyrand-Périgord, né le
2 août 1787, depuis duc de Dino, et ensuite duc de Talleyrand-Périgord, mort à Florence (1873). S'il faut en croire les
Mémoires du comte Molé, le mariage aurait été de pure
forme et la jeune princesse courlandaise aurait, sans tarder,
accepté de devenir la maîtresse de Talleyrand. Il est certain
que dès 1814 elle était installée dans l'hôtel de la rue Saint-
Florentin, aujourd'hui hôtel de Rothschild. Il est non moins
certain que dans ses *Souvenirs* elle précise que la question
d'âge ne jouait aucun rôle dans ses sentimentalités. Il est
acquis également qu'elle cohabita avec son oncle jusqu'au
décès de celui-ci, et l'accompagna à Londres lors de sa dernière ambassade; ce qui au surplus ne l'aurait pas empê-
chée, suivant Molé, de s'offrir quelques distractions de meilleur attrait. Le dernier de ces dédommagements fut Fou-
rier de Bacourt, premier secrétaire de l'ambassade, qui fut
chargé par elle de la rédaction définitive des *Mémoires* de
Talleyrand (V. les lettres de la duchesse de Dino à Thiers
dans la *Revue de Paris*, 1er et 15 août 1923). Si les *Mémoires*
de Molé sont malveillants pour Talleyrand et sa nièce, il
faut reconnaître que ceux-ci le lui rendaient avec usure.

Pologne, on lui parla d'un gentilhomme polonais qui habitait la France et qui avait joué un rôle important dans les révolutions de son pays. Il le prit avec lui pour s'en servir dans les rapports qu'il devait avoir avec la nation polonaise. Batowski suivit son nouveau maître pendant toute la compagne, sans trouver le moyen de faire pour sa patrie rien ce de qu'il avait rêvé dans son amour pour l'indépendance de son pays. Dans la suite, le roi de Saxe, devenu grand-duc de Varsovie, avait nommé le comte Batowski à l'ambassade de Madrid. Mais celui-ci ne se rendit jamais à son poste. Il resta à Paris.

Le mariage de la princesse Dorothée fut célébré en 1809 (1). La duchesse de Courlande avait été entièrement conquise par M. de Talleyrand, pour lequel elle professait la plus grande admiration. Ce fut ce qui la décida à s'installer dans notre capitale, où elle passait une partie de l'année. Elle s'y était fait aimer par tous ceux qui avaient eu l'honneur de l'approcher. Elle mourut en 1821.

Par la suite des événements, la comtesse de Périgord devint duchesse de Dino, d'un titre que le prince de Talleyrand avait obtenu du roi de Naples, après les négociations du Congrès de Vienne, en 1815.

(1) Par le prince-primat, Charles-Théodore de Dalberg (v. ci-dessus, p. 129), on sait quelle fut l'intimité des relations de son neveu, le duc de Dalberg, avec le baron de Vitrolles, et il n'est pas difficile de deviner l'origine des renseignements consignés ici. Le prince-primat était d'ailleurs en rapports suivis avec la famille de Courlande (V. les *Souvenirs* de la duchesse de Dino, p. 253).

C'est sous ce nom qu'elle a été longtemps connue et admirée à Paris. A la mort de son beau-père, elle devint duchesse de Talleyrand-Périgord. Sa sœur, la duchesse de Sagan, étant morte en 1838, la princesse puînée, Mme de Hohenzollern, avait hérité du duché de Sagan. La duchesse de Talleyrand traita avec sa sœur de la vente de ce duché, et en devint titulaire par l'investiture que lui conféra le roi de Prusse en 1845. La succession de ce duché est assurée au petit-fils de la duchesse de Sagan, fils aîné du duc de Valençay.

Le comte Batowski a fini ses jours en France, dans une terre qu'il avait achetée sur les confins du pays de Luxembourg, dans un âge très avancé, vers 1836, laissant un fils et une fille, tous deux mariés. Il avait été décoré, en 1814, du titre de grand veneur du royaume de Pologne. A l'époque de la réunion de ce royaume à la Russie, son titre, purement honorifique, s'étendit à tout l'Empire.

NOTE DE L'ÉDITEUR

*Le manuscrit de M. de Vitrolles contient ici une
lacune. On verra ci-après que vers le milieu de l'été
de 1798 il s'embarqua pour l'Angleterre, où il accompagnait la duchesse de Bouillon. Ce voyage — ainsi
que le lecteur pourra s'en rendre compte par ce qui
précède et ce qui suit — se termina par une brusque et
définitive séparation avec la duchesse. Que se passa-
t-il exactement alors? Il est malheureusement très difficile de l'établir avec quelque précision, en l'absence
de tout document émané des deux principaux intéressés.
J'ai sollicité à ce sujet de M. le comte de Vitrolles
des renseignements qui n'ont pu m'être donnés, malgré
le bienveillant intérêt manifesté par lui pour l'éditeur
du présent recueil.*

*Il est impossible, d'autre part, de s'en tenir au récit
très manifestement exagéré qui a récemment paru dans
les* Souvenirs d'une femme de cinquante ans, *par la
marquise de la Tour du Pin (t. II, p. 173 et suiv.) (1).
Ce récit, écrit postérieurement à la Restauration, c'est
à-dire à une époque où le baron de Vitrolles était l'objet
d'une aversion particulière dans certains milieux, en
raison du rôle joué par lui auprès du comte d'Artois,*

(1) *Paris, Chapelot, 1913, in-8°.*

est tout entier empreint d'une malveillance que rien n'atténue ni ne dissimule. A l'en croire, M. de Vitrolles, pris ou feignant d'être pris d'une folle passion pour la duchesse, l'aurait persécutée de toutes manières pour obtenir ses faveurs. Il aurait même employé à cette fin les menaces et la violence, et aurait été vu par une amie de celle-ci, sortant de chez la duchesse, et dissimulant sous son habit un objet que personne ne put apercevoir, mais qui ne pouvait être qu'un pistolet. Après cette scène aussi dramatique que scandaleuse, M. de Vitrolles aurait eu — ou feint d'avoir — un véritable accès d'aliénation, à la suite duquel il aurait été embarqué d'office, avec défense de revenir en Angleterre.

Qu'il ait dû y avoir, entre M. de Vitrolles et la duchesse, un incident plus ou moins vif, peut-être causé par les sentiments assez ardents du jeune émigré, c'est ce qu'il est difficile de contester à la lecture des Souvenirs laissés par lui. Mais est-il bien certain que de son côté la duchesse n'ait point été quelque peu imprudente et qu'elle ait toujours découragé, avec toute la fermeté nécessaire, des hommages dont elle avait perdu l'habitude, mais peut-être conservé le goût ? — Avec une femme du XVIIIe *siècle, Allemande de surcroît, il convient toujours de réserver beaucoup de marge.*

Quoi qu'il en soit, si cet incident a pu servir de point de départ au récit évidemment outré de Mme de la Tour du Pin, il ne suffit point à justifier les inexactitudes dont il est rempli. Elle qualifie M. de Vitrolles de conseiller au Parlement de Provence. Nous avons vu plus haut qu'il n'en était rien. Elle lui donne, à l'époque *où elle se place, vingt-huit ou trente ans, alors qu'il en avait tout au plus vingt-quatre. Enfin, dans son désir acharné d'aggraver les faits, elle admet sans hésiter que la duchesse de Bouillon — son amie — était la mère naturelle de Mme de Vitrolles. Est-il besoin de faire remarquer que le récit très circonstancié du mariage, tel qu'il est rapporté ci-dessus, proteste absolument contre une semblable affirmation qu'aucun semblant de preuve ne vient étayer? M. le comte de Vitrolles a encore en sa possession tous les documents officiels relatifs au mariage de son arrière-grand'mère. J'en ai détaché, avec son autorisation, l'acte du consentement donné par M. et Mme de Folleville à l'union projetée. On le trouvera aux pièces justificatives, à la fin du présent volume (v. p. 248). La légende dont Mme de la Tour du Pin s'est fait l'écho trop facilement complaisant aurait besoin d'être appuyée sur autre chose que de vagues racontars pour pouvoir être considérée comme ayant quelque fondement.*

E. F.

XXVIII

..... Un orage avait passé sur ma vie. Je cherchais un abri, et je le trouvai auprès de ma mère et de la sienne, réunies toutes les deux, loin de leur nombreuse famille. Elles étaient à Constance, où un très grand nombre d'émigrés s'étaient donné rendez-vous. J'arrivai au mois de novembre, avec mon fils aîné, âgé de trois ans. Nous nous trouvions ainsi, à la table de famille, représenter quatre générations.

Parmi les nombreux émigrés qu'avaient réunis le hasard et les facilités de séjour sur certains points de l'Allemagne, il s'était formé naturellement le noyau d'une société à la tête de laquelle se plaçaient les personnages les plus éminents. A Constance, c'étaient Mgr l'archevêque de Paris et son frère, le marquis de Juigné. On leur rendait les respects dus à des chefs; on se faisait reconnaître par eux, et ils servaient de garants auprès des autorités autrichiennes, assez peu bienveillantes en général. Outre ces relations de déférence, il se nouait des liaisons, et des coteries particulières se formaient. Je retrouvai chez ma grand'mère plusieurs de ceux que j'avais connus, entre autres le bon marquis d'Épinay Saint-Luc, que j'avais précédemment rencontré à Lausanne, et retrouvé à Erfurt. Mais sept années d'émigration, et la sévère pauvreté, qui avait alors atteint tout le monde, tenaient chacun plus renfermé, la société était devenue plus froide et plus sérieuse.

Je passai cet hiver dans l'étude de la langue et surtout de la philosophie allemandes. Je cherchai à m'initier aux œuvres de Kant, travail d'autant plus ardu pour moi que je n'avais aucune connaissance préalable de la philosophie de l'école. Une partie de mon temps était consacrée aux soins que réclamait le jeune enfant dont j'avais seul la charge; c'était un esprit précoce que je développais et que je voyais croître avec un plaisir indicible. Peut-être même me laissais-je aller avec excès à ce charme. J'étais tenté d'abuser de ses facultés en donnant un exercice outré aux tendres organes de son intelligence.

Mais tous mes désirs se tournaient vers la France. Je ne songeais qu'à y rentrer, à quelque prix que ce fût. J'avais besoin de changer ma vie, et j'espérais en trouver une nouvelle dans mon pays natal. Les difficultés étaient grandes. L'émigration et mes services à l'armée de Condé ne tendaient point à les diminuer. J'avais cependant un motif d'espérer que je pourrais me mettre à l'abri des lois portées contre les émigrés.

Au mois de septembre 1797, Mme la duchesse de Bouillon, sa fille adoptive, devenue ma femme, le prince de Salm et moi nous nous étions mis en route dans l'intention de rentrer en France à la faveur des facilités qu'on accordait en ce moment à ceux qui pouvaient être inculpés d'émigration. En arrivant à Offenbach, nous apprîmes la révolution du 18 fructidor, ainsi que les nouvelles et sévères lois portées contre les émigrés qui seraient rentrés en France ou qui tenteraient de le faire. Nos projets furent brusquement arrêtés par cet obstacle imprévu, et nous passâmes sept ou huit mois à Offenbach (1).

Cependant les affaires que Mme la duchesse de Bouillon avait à régler avec son mari souffraient de son éloignement. Elle pensa que la présence de Mme de Vitrolles à Paris, son activité, son intelligence, pourraient servir au succès de ses réclamations, et son voyage fut décidé. Elle laissait son petit garçon à sa mère adoptive, et emmenait sa fille, à peine sevrée. Elle se mit en route le long du Rhin, et parvint au lieu où habitaient ses parents, aux environs de Ruremonde. Là elle remit sa petite fille entre les mains de sa mère, et partit pour Paris en se faisant accompagner par son frère, qui était au service de l'électeur de Bavière. Envoyée comme la colombe du Déluge, pour savoir quelle était la hauteur des eaux et rapporter un rameau d'olivier, Mme de Vitrolles fut accueillie par les amies de Mme de Bouillon et particulièrement par la princesse de Poix qui la reçut chez elle. Quand elle eut mis en bon chemin

---

(1) Dès le 19 fructidor, en effet (5 septembre 1797), une loi de circonstance vint menacer de nouveau les émigrés. Elle portait que tous les individus inscrits sur la liste des émigrés qui seraient trouvés en France passé le délai de quinze jours, seraient traduits devant une commission militaire qui les jugerait sans appel et dans les vingt-quatre heures, en leur faisant application de la loi du 25 brumaire an II, portant la peine de mort contre les émigrés.

les affaires de Mme de Bouillon, qu'elle eut reçu de bonnes paroles du duc et du conseil qui dirigeait ses affaires, elle voulut partir pour la Provence, afin de savoir ce qu'elle pourrait faire pour moi. Elle trouva ma pauvre fortune fort abîmée : le beau mobilier que nous avions à Aix et celui du château de Vitrolles vendus par la nation; notre maison de la ville séquestrée, une partie de nos terres usurpées par des voisins avides, et le reste confisqué et prêt à être vendu si l'on trouvait des acquéreurs. Au reste, elle fut reçue à Aix par mes parents et les amis de ma famille avec tout l'empressement que méritait cette visite inattendue, et tout l'intérêt que pouvaient inspirer sa grâce et son amabilité naturelles. Nos amis la guidèrent dans les démarches qu'elle avait à faire pour déterminer ma position. On découvrit alors qu'au lieu de mes prénoms, c'étaient ceux de mon père qui étaient inscrits sur la liste fatale, — et mon père était mort deux ans auparavant.

Grâce à cette erreur, Mme de Vitrolles put obtenir un simple certificat de l'administration départementale, qui déclarait que je n'étais point inscrit sur la liste des émigrés. Ce fut le seul fruit de ce voyage si long, si pénible, et même si dan. .ux. A cette époque, les communications ordinaires étaient interrompues, et elle voyageait seule, en poste, dans sa voiture, accompagnée d'une femme de chambre. Sur la route qui la ramenait à Lyon, sa voiture vint à se briser au milieu du grand chemin. Dans le cruel embarras où elle se trouvait, il lui survint un secours bien imprévu. Une voiture qui la suivait de près, de

poste en poste, se trouvait conduire trois ou quatre officiers attachés à l'état-major du général Masséna. Ils
s'empressèrent à relever la voiture de Mme de Vitrolles, et la firent conduire à la poste prochaine. Ils
en surveillèrent même la réparation. Les deux voitures continuèrent leur route vers Paris, toujours assez
rapprochées l'une de l'autre. Parmi ces jeunes gens,
qui s'étaient tous montrés convenables et respectueux, l'un des plus empressés se nommait Franceschi. Il était aide de camp, ou — comme on disait
alors — *adjudant* du général Masséna. Milanais de
naissance, il avait appartenu à la maison du prince
de Belgiojoso en qualité d'écuyer. Il avait ensuite
pris parti dans les armées françaises, et y avait fait
un chemin assez rapide. M. Franceschi obtint de la
reconnaissance de Mme de Vitrolles la permission de
venir la voir à Paris, chez Mme la princesse de Poix (1).

---

1) Cet officier qui doit jouer un rôle important dans la
suite du récit était le futur général de brigade Franceschi-
Lovio. Né le 3 juillet 1770, il était entré de bonne heure dans
l'armée française en qualité de volontaire. Sous-lieutenant
adjoint à l'état-major de l'armée d'Italie (4 décembre 1795),
il avait fait la campagne de 1796 sous Bonaparte. Lieutenant
de dragons le ... ai 1797, il avait été nommé capitaine le
9 juin 1798, puis envoyé à l'armée d'Helvétie, où Masséna
l'avait effectivement pris comme aide de camp. Il suivit
ensuite son général en Ligurie, se distingua au siège de
Gênes, et fut employé à l'état-major de l'armée d'Italie
après Marengo. Il fut nommé colonel le 22 février 1805 et fit
partie de l'expédition dirigée contre le royaume de Naples.
Le roi Joseph se l'attacha personnellement en qualité de premier écuyer. En 1808, il passa avec son souverain en Espagne

Pendant les courts instants que je pus passer avec Mme de Vitrolles à son retour de Paris, elle m'avait conté ces différentes péripéties de son voyage et entre autres ses rapports avec M. Franceschi. Il avait eu notamment l'autorisation de l'accompagner au théâtre, un jour où elle devait y aller avec une ou deux femmes de ses amies. En rentrant, Mme de Vitrolles laissa tomber par inadvertance le petit sac qui remplaçait pour les dames les poches que la mode avait supprimées; c'était ce qu'on appelait un *ridicule*. Ce sac renfermait vingt-cinq louis, et elle ne s'aperçut de son étourderie qu'en arrivant chez elle. M. Franceschi s'empressa de retourner au théâtre, de faire rappeler les ouvreuses de loges, qui déclaraient qu'elles n'avaient rien ramassé. En effet, le sac fut retrouvé dans la loge qu'ils avaient occupée, et rapporté à Mme de Vitrolles.

et fut nommé général de brigade. Il devait mourir deux ans après dans des circonstances tragiques.

Il a été souvent confondu avec deux homonymes, le général baron Franceschi, et le général Franceschi-Delonne, dont la carrière se trouva fréquemment mêlée à la sienne.

XXIX

J'avais fait pendant ce temps un voyage en Angleterre avec Mme la duchesse de Bouillon. A mon retour, je m'arrêtai un mois ou six semaines à Hambourg. J'étais arrivé tout froissé de circonstances fatales, et, comme l'oiseau jeté sur un rivage par la tempête, je n'avais pas cherché les relations qui ne m'auraient pas manqué dans cette ville. Cependant, je trouvai un asile si doux dans l'intérieur d'une aimable famille, que j'y pris des habitudes journalières. C'était dans la maison du chanoine Meyer, qu'on appelait plus exactement *Canonicus*, car c'était un chanoine protestant. Il était marié à une femme pleine d'agréments. J'y trouvai ce charme d'une société simple et douce qui convient aux âmes malades. M. Meyer était un homme d'un esprit remarquable, fort cultivé, et moins pesant que n'étaient à cette époque la plupart de ses compatriotes. Il avait voyagé en Italie et avait publié le récit de sa tournée dans un ouvrage très apprécié. Plus tard, il avait été l'un des premiers étrangers qui se fût risqué à visiter la France aux époques les plus calamiteuses de la Révolution, et le premier aussi qui eût exposé au public la situation de la France à cette date.

Je me refusais aux instances réitérées de cet excellent homme, qui voulait me conduire dans les principales maisons de la ville, celles du haut commerce. A cette époque, où les ports de France, de la Belgique, et de la Hollande étaient fermés par la guerre, la ville de Hambourg s'était trouvée tout à coup le centre de tout le commerce du continent. Il y avait un mouvement de population et d'affaires qu'elle ne connaissait pas auparavant, et qu'elle n'a pas retrouvé depuis (1). Les maisons de commerce s'y élevaient en foule, et tout à coup les simples commis de la veille devenaient de riches banquiers le lendemain. C'était là que se faisaient les grandes opérations, et que l'or de l'Angleterre affluait pour payer les marchandises, ou pour fournir aux subsides accordés par elle aux puissances du continent.

L'émigration y paraissait sous un aspect très différent et fort nouveau. Le plus grand nombre des émigrés s'était lancé dans les affaires. Le lendemain de mon arrivée, je vis entrer chez moi un petit courtier de change fort mal mis. Je le pris pour un juif et j'allais l'éconduire sommairement, quand je reconnus le comte d'Apchier. Il venait me proposer de changer mes guinées. Alexandre de Lameth, sorti des prisons de l'Autriche (2), avait ouvert, avec ses

(1) Cette dernière assertion de M. de Vitrolles, exacte à l'époque où il écrivait (vers 1850), ne l'est malheureusement plus de nos jours.

(2) Né à Paris, en 1760, ancien député de la noblesse de Péronne aux États Généraux, maréchal de camp sous Lückner et Lafayette, dont il partagea la captivité pendant trois ans, jusqu'en 1797. Préfet des Hautes-Alpes en 1802, il était préfet du Pô en 1809; il fut baron de l'Empire et pair

frères, une boutique de toiles et de chemises toutes
faites. L'évêque de Pamiers, l'abbé d'Agout, avait
loué des moulins autour de la ville. Cette fois, c'était
bien devenir d'évêque meunier. Enfin, peu de jours
après mon arrivée, je vis entrer chez moi un gentilhomme dauphinois, M. X..., qui se réclamait de sa
parenté avec ma famille, et me pressa beaucoup
d'aller dîner chez lui. L'invitation, de la part d'un
émigré, me parut singulière; cependant, après une
certaine résistance, je me décidai à risquer un mauvais dîner. Mais à mon grand étonnement, je le
trouvai, lui, sa femme, et son beau-frère, M. de Vesque
de Bécone, fort bien établis, et le repas infiniment
meilleur que je n'eusse osé l'espérer. Après le dîner,
il me proposa d'aller au théâtre français; et comme
je tirais ma bourse pour prendre un billet, il m'arrêta
en me disant qu'il avait une loge.

« Comment, une loge? m'écriai-je.

— Mais certainement, me dit-il. Et au besoin, j'en
aurais plus d'une, car le théâtre m'appartient. »

Mais je fis alors la connaissance d'un personnage
bien plus intéressant, Klopstock, le célèbre auteur de
la *Messiade*. Il était encore très vert malgré son âge
avancé, et jouissait de la grande réputation que lui
avait valu son poème. Il avait exercé sur la littéra-

de France en 1815. Déchu de la pairie, il fut successivement
député de la Seine-Inférieure et de Seine-et-Oise. Il mourut
en 1829. Ce fut lui qui, appréciant favorablement dans ses
rapports les capacités du baron de Vitrolles, lui valut un
emploi d'inspecteur des bergeries, au début de l'Empire.

ture allemande une influence considérable. On pourrait la comparer à celle que Corneille a eue en France. Je fus conduit chez lui par M. Meyer; nous montâmes au troisième étage d'une maison fort simple; et dans une chambre dont les murs étaient badigeonnés en vert, je vis dans son fauteuil de paille un petit vieillard dont le tête était couverte d'un bonnet de coton. Sur le devant de ce bonnet était ajusté un crochet en fer qui m'intriguait fort, et dont je ne parvenais pas à deviner l'usage. Au moment où je lui fus présenté, il donna une chiquenaude aux lunettes qui étaient sur son nez, et elles allèrent s'accrocher au-dessus de son front. Ses yeux étaient vifs, sa physionomie animée et expressive; il parlait le français, mais assez difficilement. Sa politesse était cordiale, et je me trouvai sans délai fort à mon aise avec lui.

Il était plein du sujet de son grand poème, qui avait donné à ses idées leur étendue et leurs limites. Les personnages qu'il avait représentés, même les plus mystiques, étaient pour lui des êtres réels et vivants. C'est ainsi que je vis un jour M. Meyer lui apporter un tableau et deux miniatures qui représentaient des têtes de Christ. Il n'y avait pas un peintre en Allemagne qui ne soumît à l'auteur de la *Messiade* ce genre de composition. Il les examinait en faisant retomber ses lunettes, et discutait la ressemblance avec le plus grand sérieux.

« Il y a quelque chose dans celui-là ! s'écriait-il, mais le front est trop bas, les yeux trop petits, le menton trop court. Cet autre ne lui ressemble pas du tout... »

En somme, il s'était créé une image si exacte de la figure du Christ, qu'il critiquait tout ce qui ne s'y rapportait pas, comme il aurait pu faire du portrait de sa femme ou de sa fille.

On faisait beaucoup de plaisanteries sur l'obscurité de plusieurs passages de son livre. On disait entre autres qu'ayant rencontré un émigré, jeune avocat général au Parlement de Toulouse, qui avait appris l'allemand dans une grande perfection, il lui proposa d'entreprendre sous ses yeux la traduction de la *Messiade*, et lui offrit un petit logement au quatrième étage de sa maison, avec une place à sa modeste table. Le jeune homme se mit à l'ouvrage avec zèle. Lorsqu'il se trouvait embarrassé sur le sens d'un passage, il descendait chez le poète, qui en général lui en donnait l'explication. Mais on prétend qu'un jour le Toulousain ayant pâli sur quelques vers dont il n'avait pu découvrir le sens, finit par recourir à son hôte. Klopstock lut et relut plusieurs fois le passage, sans rien ajouter en fait de commentaire. Puis il prit son parti.

« Ma foi, mon cher, lui dit-il, je l'ai bien compris quand je l'écrivais. Mais à présent, je ne sais plus ce que j'ai bien pu vouloir dire. Tirez-vous en comme vous pourrez. »

Sa conversation n'avait souvent rien de remarquable. Mais lorsqu'on trouvait un sujet au gré de son esprit, il s'y engageait avec vivacité, et révélait sans tarder des idées neuves et un langage assez pittoresque. Je me rappelle entre autres que je lui soumis un jour cette question : pourquoi l'Allemagne, dont la littérature s'est formée plus tard que celles de la France et de l'Angleterre, a-t-elle incliné dans ses œuvres dramatiques, sa poésie, et même dans sa prose, bien plus à l'imitation des auteurs anglais qu'à ceux de notre littérature? Il défendit admirablement les motifs de cette préférence. Je ne rapporterai pas en détail ceux qu'il me donnait. Je dirai seulement qu'en parlant de Shakespeare et autres écrivains de cette école, il disait que c'était le genre naturel, et que le nôtre était factice.

Cet excellent homme était simple dans ses mœurs, sans recherche et sans prétentions. Il allait souvent passer la soirée chez Mme Meyer, et j'ai à me reprocher d'avoir souvent perdu ce temps en jouant avec lui aux échecs, pour lesquels il avait une passion malheureuse, au lieu de profiter des richesses de son génie.

En fait d'hommes d'esprit, Hambourg en comptait un beaucoup plus brillant que Klopstock, je veux parler de Rivarol, si célèbre par ses traits et ses mots heureux. C'est là qu'en apprenant l'arrestation de l'abbé Delille, il n'avait pu retenir une de ses flèches.

« Ah ! mon Dieu, s'était-il écrié, les voilà qui vont guillotiner un rossignol ! »

On citait un autre de ses mots. Le comte d'Esternod passait pour manquer complètement de ce que Rivarol possédait à un si haut degré. Il ennuyait depuis trois mois la société où il vivait en parlant continuellement de sa radiation de la liste des émigrés, qu'il sollicitait sans relâche. Un matin, dès la pointe du jour, il vint ouvrir la porte de Rivarol qui dormait profondément.

« Mon ami, mon ami, criait M. d'Esternod en secouant Rivarol pour le réveiller, fais-moi compliment. Je suis rayé ! Je suis rayé !

— Te voilà donc zèbre à présent? » interrogea Rivarol en ouvrant les yeux (1).

J'ai parlé des fortunes faites à cette époque à Hambourg, et dont la rapidité était parfois surprenante. Un petit juif nommé Poppert en offrait un des plus merveilleux exemples. Je lui avais été adressé lors de mon premier passage à Hambourg et c'était chez lui que j'avais changé l'argent nécessaire au voyage de Mme la duchesse de Bouillon, que j'accompagnais en Angleterre. Il survint une singulière difficulté. Il m'avait compté lui-même trois ou quatre cents guinées, rangées cinq par cinq sur sa table, et m'avait remis le bordereau de cette opération. En remettant cet argent à Mme de Bouillon, je trouvai cinq guinées de plus qu'il ne devait y avoir. Je m'en assurai en comptant plusieurs fois. Puis je retournai chez mon petit Poppert pour lui rendre les cinq guinées.

« Bas possible, Mossié », me répondit-il.

Et j'avais beau lui démontrer son erreur, il en revenait toujours à son *Bas possible, Mossié.*

___

(1) On sait que Rivarol mourut à Berlin en 1801, des suites d'une pneumonie, contre laquelle sa santé, usée par une vie des moins régulières, le défendit fort mal. Il fut victime des coulis, truffes et bonbons qu'on lui prodiguait. (V. les *Souvenirs et Correspondances* du comte DE NEUILLY, p. 355).

« Je serai obligé, finis-je par lui dire, de les donner aux pauvres en votre nom ! »

— Comme il vous blaira, Mossié ! »

Poppert avait eu la bonne chance d'être choisi comme banquier par le Gouvernement anglais pour toutes les opérations de finance que M. Pitt faisait alors sur le continent, et en particulier pour le paiement des subsides qu'il s'était engagé à verser aux différentes cours du continent.

Je revis ce petit juif à mon dernier séjour à Hambourg. Il m'avait pris dans la plus grande amitié, et me proposait de faire quelque chose avec lui, de gagner de l'argent.

« Mais pour en gagner, lui dis-je, il me semble que la première condition, c'est d'en avoir.

— Mais non, me dit-il; *si fous foulez* acheter la cargaison d'un bâtiment qui vient d'entrer dans le port et qui est chargé de nankin, je *fous oufrirai* un crédit, et vous pourrez la revendre avec de bons bénéfices. »

Je n'étais en telles dispositions, et je refusai son offre obligeante.

Il m'avait un jour conduit à la campagne, et pour nous distraire, avait fait venir Czernowick, célèbre violon, que Paris avait longtemps admiré. Ce grand artiste, après le dîner, nous charma pendant une demi-heure; et Poppert, prenant dans sa main autant de pièces d'or, qu'elle pouvait en contenir les mit dans celle du musicien.

« Tenez, Mossié Charnovik, lui dit-il, *fous m'afez fait blaissir !* »

Poppert me demanda un jour si je connaissais la princesse de Vaudemont (1), qui s'était momentanément établie à Altona, dans le plus proche voisinage de Hambourg. Et il me raconta, à ce sujet, que c'était une bien belle et bien charmante princesse; qu'elle l'avait fait appeler peu de jours auparavant. Elle l'avait reçu étant dans son lit, et, la conversation s'étant animée, elle avait fort dérangé ses couvertures et découvert sa poitrine, que le petit juif avait trouvée très belle. Il exprimait son admiration dans les termes les plus significatifs.

« Eh pien, Mossié ! Ch'aurais tonné quarante mille marks de banque... »

Ce n'était pas assez pour la laideur du petit homme. Deux ou trois ans après, au surplus, ce Crésus d'un moment fit une épouvantable banqueroute.

---

(1) Sur cette princesse, qui vivait encore lors de la Restauration, v. les *Mémoires et relations politiques du baron de Vitrolles*, Paris, Charpentier, 1884, in-8°, t. I, pp. 42 et suiv.

XXX

Je passai six semaines à Hambourg, attendant
que Mme de Vitrolles fût arrivée au rendez-vous que
je lui avais donné à Zell. Je pris en partant de Hambourg un passeport sous mon nom pour voyager en
Allemagne et me rendre en France. Pendant les jours
que je passai avec Mme de Vitrolles, elle me raconta
tous les détails de son séjour à Paris, de son voyage
en Provence, et la connaissance qu'elle avait faite
de l'aide de camp Franceschi. Elle me remit le certificat constatant que mon nom n'était pas inscrit sur
la liste des émigrés. Je pris avec moi mon petit garçon, et me dirigeai vers la France, en prenant ma
route par Cassel, où j'espérais obtenir de M. Rivals,
ministre de la République près le landgrave de Hesse-
Cassel, un passeport régulier qui me permît de rentrer dans ma patrie en toute sûreté. J'avais connu
M. Rivals chez le landgrave de Hesse-Rheinfels
Malgré toute la bienveillance qu'il m'avait témoi-
gnée, et mon bon certificat qui semblait m'ouvrir
toutes grandes les portes de la France, il se refusa
absolument à me donner un passeport, en me disant
qu'il n'y était nullement autorisé par le Directoire,
et qu'aucun des ministres français accrédités en
Allemagne n'agirait autrement en la circonstance.
C'étaient là des affaires fort délicates pour ces mes-

sicurs, et il me le fit comprendre en me disant que
c'était « le bâton m...   qu'ils se renvoyaient de l'un
à l'autre ». Le seul, à son avis, qui pouvait me déli-
vrer un passeport était M. Perrochel, ministre de
la République à Lucerne. Il m'offrit même un mot
de recommandation pour lui; mais tout me permet
de supposer qu'il était très froid.

C'est avec cette déconvenue que j'arrivai à Constance. J'étais plus que jamais décidé à rentrer en
France. Aussi, dès que le printemps de 1799 eut
ouvert les chemins, je me préparai à me rendre à
Lucerne, où je laissai mon jeune fils aux soins de
ma mère. Je mis dans mon portemanteau mes plus
vieux habits; j'endossai moi-même la redingote la
plus simple en gros drap d'alpaga. Il me semblait
que c'était la manière véritable de me donner l'allure
d'un citoyen français. Enfin je me tapis dans un coin
de la diligence, qui allait de Constance à Zurich. La
conversation des voyageurs ne tarda pas à se porter
sur les tentatives des émigrés pour rentrer en France,
et sur les rigueurs qu'on cherchait à exercer contre
eux. Suivant mes compagnons de route, dès qu'un
émigré était reconnu, il était mis en état d'arrestation, les mains liées derrière le dos et après constatation de son identité, il était reconduit à la frontière
par la maréchaussée.

J'écoutais en silence ces propos et d'autres semblables, tout aussi peu rassurants. Nous nous arrê-
tâmes bientôt pour déjeûner dans un village occupé
par un poste considérable de troupes républicaines.
En arrivant, on nous demanda rigoureusement nos

passeports. Je donnai avec quelque inquiétude celui que j'avais pris à Hambourg sous mon nom et en ma qualité de citoyen français. Il me fut remis cependant après avoir été visé, et sans aucune observation. Tous les voyageurs déjeûnèrent en commun avec quelques officiers de la garnison qui furent simplement polis, et j'arrivai de la sorte à Zurich dans la soirée. Je descendis à l'auberge de l'Épée, qui m'était bien connue pour y avoir passé cinq années auparavant, comme officier de l'armée de Condé. C'est là que j'avais rencontré M. Mounier dont les bons offices avaient eu une si grande influence sur mes destinées.

J'étais à peine entré dans la grande salle de cet hôtel, que je fus pressé de tous côtés de questions d'un caractère nettement inquisitorial. Tantôt c'était de la part de l'état-major de la place, tantôt de la part de la police helvétique, aux ordres de la préfecture zurichoise, car il y avait déjà des préfets en ce pays avant que le nom en fût connu en France. J'étais un peu effarouché, je l'avoue, d'être soumis à une aussi rude curiosité, qui se traduisait par des manières plus rudes encore.

Je m'assis à la table d'hôte, composée pour le plus grand nombre d'officiers de l'armée républicaine, auxquels se trouvaient mêlés des officiers autrichiens prisonniers appartenant à quelques bataillons d'infanterie qui avaient été enlevés dans une expédition brillante que le général Lecourbe avait faite dans les petits cantons limitrophes de l'Italie. J'échangeai quelques mots avec ces malheureux officiers. Ils étaient les seuls de tout un bataillon qui n'eussent pas été tués ou blessés. Vers la fin du dîner, lorsque le petit vin de Suisse eut monté à la tête des Français, les propos devinrent très vifs, et même blessants pour ces infortunés Autrichiens. Des hommes décorés d'épaulettes, plus grossiers que les soldats les plus mal appris, interpellaient les officiers prisonniers de la manière la plus brutale et la plus insolente.

« Que veniez-vous faire là? leur disaient-ils; vous veniez pour nous assassiner... »

Et les propos de ce genre allaient en augmentant de véhémence. Les officiers autrichiens ne répondaient que par leur silence. Pour moi, j'étais indigné, et bien plus encore pour l'honneur du caractère français que pour ceux qui étaient les victimes d'une pareille incorrection. Je ne sus pas me contenir, et je dis qu'il me semblait que la guerre ouverte n'avait rien de commun avec l'assassinat. Aussitôt, les interpellations les moins mesurées m'assaillirent.

« Et qui êtes-vous donc, citoyen? De quel droit prenez-vous la défense de ces gens-là? »

Le tumulte allait croissant, et les questions les plus désobligeantes se croisaient sur ma tête. Je fis aussi bonne contenance qu'il me fut possible, en leur disant qu'ils n'avaient pas à s'en inquiéter, et que je n'avais rien à leur répondre. Je restai encore quelques minutes à table pour bien marquer que je ne voulais pas céder la place, et ma situation ne me paraissant plus tolérable cependant, je finis par sortir un peu avant le terme du dîner, et j'allai m'enfermer dans ma chambre.

Là je tombai dans les plus tristes réflexions. Qu'étais-je venu faire dans cette galère, me demandais-je, et comment pourrais-je m'en sortir? Il n'était pas commode d'aller de l'avant. Il n'était pas moins difficile de se retirer. Je me couchai dans une inquiétude trop justement fondée, et qui me réveilla de grand matin. La nuit m'avait apporté une idée. Ce M. Franceschi, dont Mme de Vitrolles m'avait parlé, n'était-il pas au nombre des aide de camp du général Masséna? Or, c'était ce général, commandant en chef l'armée de la République, qui se trouvait à Zurich. Je pourrais peut-être trouver, — me disais-je, — quelque secours auprès de son aide de camp, sinon pour avancer, du moins pour pouvoir battre en retraite sans malencontre. L'esprit plein de cette combinaison aventureuse, je fis appeler dès six heures du matin le maître d'hôtel, et je m'informai près de lui, pour savoir s'il y avait réellement auprès du général un officier nommé Franceschi.

« Certainement, me dit mon hôte. Il loge hors de la ville. »

Il m'indiqua la maison. C'était celle d'un M. Fusti.

Je me mis aussitôt en route. Lorsque j'arrivai au lieu indiqué, on me dit que l'aide de camp du général était déjà sorti, et que je le trouverais dans l'hôtel où Masséna avait établi son quartier-général. Ceci m'embarrassait un peu, et je trouvais que c'était affronter bien des orages que d'aller m'adresser en un lieu si élevé. Cependant l'inquiétude où j'étais me donna cette audace. La maison du général était environnée de soldats et de gardes qui me laissèrent entrer sans obstacles. Je trouvai ensuite ce qu'on appelait les guides du général. L'un d'entre eux, à qui je demandai le citoyen Franceschi, me montra une porte au bout d'un couloir; là se trouvait le bureau des aides de camp.

Ne voulant pas m'expliquer devant tout ce monde, j'ouvris modestement la porte et je demandai le citoyen Franceschi. Un beau jeune homme se lève, vient à moi, je l'emmène dans l'embrasure d'une des fenêtres du corridor, et je lui dis que j'avais quitté peu de temps auparavant Mme de Folleville. C'était sous ce nom de famille que Mme de Vitrolles avait voyagé en France. Je prétextai qu'elle m'avait chargé, si je passais en Suisse, de voir M. Franceschi, de lui porter ses compliments et ses meilleurs souvenirs. Le jeune homme parut charmé et me fit entrer aussitôt dans la salle où étaient ses camarades.

« Voilà, leur dit-il, un monsieur qui m'apporte des nouvelles de Mme de Folleville. »

J'en conclus aussitôt que quelques-uns de ceux-là étaient du voyage où ils avaient rencontré et secouru Mme de Vitrolles dans sa détresse. Nous nous étions assis auprès du poêle. Je lui parlai du voyage que je faisais à Lucerne pour obtenir un passeport et rentrer en France; et pour lui inspirer plus d'intérêt, je voulus lui montrer que je connaissais très intimement Mme de Folleville. Je lui répétai tous les détails que je tenais d'elle, et je n'oubliai pas le sac qu'il lui avait si obligeamment rapporté. Jusque-là tout allait bien. Mais lorsque allant plus loin, je voulus parler un peu légèrement de sa galanterie et de la cour qu'il avait fait à Mme de Folleville, il prit tout à coup un air fort sérieux.

« Il me semble, me dit-il fort sèchement, que vous connaissez cette dame beaucoup moins que vous ne le dites. »

Je sentis que ce n'était ni le lieu ni le moment de plaisanter. Je lui dis que j'étais le seul à qui il pût être permis de parler de la sorte, car j'étais son mari. Aussitôt, l'expressif Italien se lève, me saute au cou, et m'embrasse avec les plus vives démonstrations. Puis il me prit par le bras et voulut sur-le-champ me présenter au général. Je résistais de toutes mes forces, faisant valoir mille bonnes raisons, — sans compter celles que je taisais. Mais j'eus beau faire, il n'y eut pas moyen de m'y refuser. Il me traîna plutôt de force que de gré, et me présenta au général Masséna sous le nom du citoyen Folleville. Le général me reçut fort courtoisement, et après quelques phrases de politesse banale, m'engagea à dîner pour le jour même.

Je rentrai à l'hôtel après cette singulière aventure, un peu plus rassuré que lorsque j'en étais sorti. Je tâchai de rendre présentable un vieil habit, et j'arrivai à l'heure dite. Franceschi m'attendait, et au moment de nous mettre à table, il me plaça lui-même en face du général, en m'exprimant tous ses regrets d'être retenu par son service à l'un des bouts de la table, ce qui ne lui permettait pas de s'asseoir auprès de moi.

« Mais, me dit-il, vous aurez à côté de vous M. le général Chabran, qui est un homme de beaucoup d'esprit. Il a été professeur de philosophie (1). »

La table, de vingt ou vingt-quatre couverts, était longue et fort étroite, si bien que j'étais à portée d'entendre toute la conversation du général en chef, et même d'y prendre part si cela m'eût convenu. Mais je me contentai de causer avec l'un de mes voisins, et d'écouter l'autre. Le général Menard (2), assis

(1) Chabran (Joseph), né à Cavaillon, en 1763, mort en 1843. Il s'était distingué en Italie. Général de division, il fut fait comte de l'Empire en 1814, et prit sa retraite à la Restauration. Il n'était pas moins remarquable par ses talents d'administrateur que par ses qualités militaires.

(2) Menard (Philippe-Romain), né en 1750 à Liancourt (Oise), engagé volontaire au régiment de Champagne en 1775, fut nommé sergent-major en 1791, sous-lieutenant, lieutenant et capitaine en 1792, adjudant général chef de brigade en 1794, général de brigade en 1795, général de division le 7 février 1798. Il fut employé successivement à l'armée des Pyrénées sous Dugommier, à celle d'Helvétie et du Danube sous Masséna, et enfin à celle d'Italie. Trois fois blessé grièvement, sa santé se trouvait compromise dès 1800. Aussi obtint-il en 1801 le commandement de la 6e division militaire, à Besançon, qu'il garda jusqu'en 1806. A cette date, un accès de manie délirante l'obligea à prendre sa retraite le 25 juin. Il mourut le 13 février 1810. Sa veuve obtint de Napoléon une pension de 4.000 francs. Plein de modestie et doué d'un ferme bon sens, Ménard fut le type des bons soldats de la République.

Il arriva à Zurich, pour prendre son service à l'armée d'Helvétie, le 24 pluviôse an VII (12 février 1799), ce qui nous donne la date exacte du dîner auquel assistait le baron de Vitrolles.

à côté de Masséna, venait d'arriver de Paris. Il en apportait les nouvelles les plus récentes. Il parlait des membres du Directoire avec assez peu de respect, et se permettait de temps à autre quelques brocards plus ou moins piquants à leur sujet. Après dîner, le général Masséna sortait pour se promener à pied. Les personnes restées au salon l'accompagnèrent, et je fus du nombre. Je dis à Franceschi que mon projet était de partir le lendemain pour me rendre à Lucerne auprès du ministre de la République. Il me demanda en grâce de rester un jour de plus, en déclarant qu'il voulait me donner une soirée, et que le jour d'après j'aurais les chevaux et la voiture du général Masséna qui me conduiraient à Lucerne.

Je ne pus que céder à d'aussi aimables instances; et, en effet, le lendemain au soir, la maison de M. Fusti se trouva éclairée brillamment, pavoisée, et pleine de monde. Les hommes étaient presque tous des officiers de l'état-major du général Masséna; il y en avait seulement quelques-uns des corps de troupe, qui étaient mieux assurément que les grossiers personnages de la table d'hôte. Cependant, ils laissaient encore beaucoup à désirer dans leur ton et dans leurs manières. Franceschi seul était d'une courtoisie parfaite qui rappelait la grande maison dans laquelle il avait été élevé. Les femmes, au nombre de vingt-cinq ou trente, étaient jeunes et jolies. C'étaient, pour le plus grand nombre, des personnes de la société de Zurich, qui étaient plutôt mises en réquisition qu'invitées. Il y avait aussi trois ou quatre charmantes jeunes personnes appartenant aux premières familles des cantons de la frontière suisse, encore occupée par les Autrichiens. La soirée se passa fort gaiement. On jouait aux petits jeux innocents, qui, grâce aux officiers français, ne l'étaient point du tout. On avait commencé par des mots à double sens qu'il était impossible de ne pas comprendre. Puis on s'était débarrassé de cette contrainte très relative, et les gestes n'étaient pas devenus plus réservés. On prenait les femmes et les jeunes personnes par la taille, on les asseyait sur ses genoux, et on les accoutumait ainsi à subir les conditions qu'il plaisait au vainqueur d'imposer. Franceschi me demandait pardon de tout ce laisser-aller en s'excusant sur l'usage et les habitudes militaires. Après un très bon souper, où avait été invité l'élite de la réunion, tout le monde finit par se retirer.

XXXI

Le lendemain, à sept heures du matin, la voiture du général était à ma porte, et me conduisait à Lucerne. Je croyais avoir fait un coup de maître; arriver à la résidence du ministre de France conduit par les chevaux et les gens du général en chef me paraissait un moyen assuré d'obtenir sans nulle difficulté tout ce que j'avais à demander.

Quelques heures après mon arrivée, je me présentai chez le citoyen Perrochel avec toute la confiance que me donnait ma suite. Le ministre savait déjà comment j'étais arrivé à Lucerne, et lorsqu'il me vit entrer avec ma figure d'émigré, mes habits râpés, mon petit certificat et la lettre de M. Rivals, il entra en grande suspicion, et crut que c'était quelque piège qu'on lui tendait. Il fut plus que froid, m'assura que le ministre de France à Cassel aurait pu sans difficulté me donner le passeport que je venais chercher près de lui, et finit par me le refuser. J'eus beau me débattre, lui exposer mes droits et mes raisons, il fut inflexible. Il ajouta qu'il était fort difficile en ce moment de rentrer en France lorsqu'on se trouvait dans ma situation. Il m'en donnait comme preuve que dernièrement encore, étant ministre de France en Espagne, il s'était vu refuser par le Directoire les passeports qu'il avait cru pouvoir

demander pour le baron de Glandevès. Je me gardai
bien de lui dire que ce gentilhomme se trouvait être
mon cousin. Je me retirai fort mécontent de ma
déconvenue. Je passai par les bureaux de l'ambassade, où je trouvai trois ou quatre jeunes gens qui
me paraissaient assez neufs dans leur métier. J'exha-
lai devant eux mes doléances, et j'exprimai vivement
tout le tort que me faisait ce déni de justice. J'avais
des affaires importantes en suspens à Paris, notamment un remboursement à recevoir qui se trouvait compromis par mon absence. Ils ne répondirent guère ; et,
tout en s'apitoyant par politesse sur mon sort, ils ne
me donnaient aucune espérance de voir s'améliorer ma
situation.

Je rentrai chez moi fort découragé, cherchant
dans mon esprit des ressources que je n'y trouvais pas. Je calculais toutes les conséquences fâcheuses qu'aurait pour moi un retour en Allemagne,
où j'avais mille raisons de ne pas rester, et je voyais
toutes les issues pour en sortir se fermer devant moi.
Après plusieurs heures de ces tristes méditations,
j'avais pris un cigare, et je le fumais pour me conso-
ler, lorsque j'entendis frapper trois coups à ma porte.

J'ouvris et je reconnus aussitôt un des jeunes
gens des bureaux de l'ambassade.

Il entama un discours plein de circonlocutions.
Ces messieurs, me dit-il, avaient été fort touchés de
ma pénible position. Ils avaient cherché entre eux
un moyen quelconque de venir à mon aide. Puis il
me demanda si l'affaire qui me réclamait à Paris
était fort considérable.

Je vis aussitôt où il voulait en venir. Je lui dis que si elle n'était pas trop importante par elle-même; elle l'était cependant relativement à ma situation personnelle. Alors il m'expliqua par quel moyen je pourrais obtenir le passeport tant convoité. Je ne pouvais aucunement espérer de l'obtenir directement de l'ambassade française. Mais je pouvais me présenter devant les autorités suisses, et sur le dépôt de mon passeport de Hambourg, en obtenir un helvétique, qui serait ensuite visé par M. Perrochet sans qu'il puisse s'en douter, au milieu de ceux qui lui étaient présentés tous les jours en assez grande quantité. Ce n'étaient point eux qui devaient faire ce travail, mais le valet de chambre du ministre. Or, ce valet de chambre ne me rendrait pas gratuitement un service de ce genre. Le jeune homme me parla de donner vingt-cinq louis; je me récriai en assurant qu'il me serait impossible de fournir une pareille somme; enfin, l'affaire fut conclue pour dix louis, que je payerais en échange du passeport.

Le surlendemain, tout fut réglé ainsi qu'il avait été convenu, et je repartis de Lucerne avec la précieuse pièce qui devait m'ouvrir les barrières que j'avais un si vif désir de franchir. Je retournai à Constance, en passant par Zurich, plein de l'assurance que m'avait donné un succès aussi inespéré. Je voulais le compléter en m'arrêtant à Zurich pour voir et remercier Franceschi, et, par son intermédiaire, obtenir du général Masséna une sauve-garde pour ma mère et ma grand'mère, que j'avais laissées seules à Constance. Je prévoyais aisément dès lors que l'armée républicaine occuperait à bref délai cette partie de la Souabe.

Je me présentai donc deux ou trois fois pour voir Franceschi, mais ce fut en vain. Je lui écrivis pour lui demander un rendez-vous : je n'obtins point de réponse. Après avoir ainsi perdu deux jours dans une attente qui me paraissait interminable, je me décidai à aller le chercher dans son logement, et je finis par le trouver, mais seulement après plusieurs tentatives demeurées vaines. Sa réception fut des plus embarrassées. Il me demanda pourquoi je restais à Zurich, et ce que j'y faisais. Quoique fort étonné d'un changement si complet de ton et de manières, je lui dis quel était le motif de mon séjour, et j'ajoutai que si j'avais tant insisté pour le voir, c'était uniquement pour le remercier, et essayer d'obtenir une sauvegarde pour ma mère et ma vieille grand'mère, âgée de plus de soixante-quinze ans, dont je voulais assurer la tranquillité dans leur logement de Constance quand l'armée française y entrerait. J'y attachais d'autant plus de prix que je devais moi-même les quitter incessamment. J'ajoutai tout ce que je pus trouver de plus touchant à l'appui de ma demande. Il se refusa absolument à s'en charger, me disant qu'il était en ce moment fort mal avec son général, et pour me le prouver, il me fit je ne sais quel conte d'une mission que le général avait voulu lui donner, et qu'il avait refusée.

Je sortis fort mécontent, et ne sachant comment m'expliquer un changement aussi prompt et aussi complet. N'ayant plus rien à espérer de ce côté, je retournai à Constance, où je retrouvai les chères affections dont la sécurité me tenait tant à cœur. Je m'y arrêtai plus longtemps que je ne l'aurais voulu, précisément par suite de l'appréhension que me donnait le sort des deux pauvres femmes qui se trouvaient engagées dans une semblable aventure de guerre.

Les troupes de la République entrèrent en effet dans la ville de Constance; mais l'occupation s'effectua sans danger, la ville n'ayant point été défendue. Tous les émigrés s'étaient retirés, sauf quelques vieillards impotents qui ne furent point inquiétés. Deux jours après l'entrée des troupes, je me rendis chez le général Xaintrailles (1) qui commandait la ville

(1) Lauthier-Xaintrailles (Antoine-Charles-Dominique), né à Wesel le 17 janvier 1763, d'un père qualifié comte, eut une carrière des plus mouvementées. D'abord élève au corps royal d'artillerie en 1779, il fut nommé sous-lieutenant la même année, puis lieutenant en second au régiment de Lamarck-Infanterie, et embarqué pour les grandes Indes en cette qualité (1783). Il quitta alors l'armée française, et servit à l'étranger (1785). Il reprit du service en France en 1791 comme capitaine au 12e Bataillon d'infanterie légère. Lieutenant-colonel puis colonel en 1792, il fut nommé maréchal de camp en 1793, puis général de division en 1796. Il fut envoyé à l'armée d'Helvétie par lettre de service du 27 octobre 1798 et prit le commandement d'une des divisions de Masséna. Mais à la suite de la révolte du Valais, il fut accusé d'insuffisance dans l'exercice de son autorité, de rapines et de concussions. Il fut même suspendu et traduit devant un conseil de guerre qui l'acquitta. Il resta désormais en défaveur et ne parvint pas à obtenir un nouvel emploi. Retraité le 13 février 1812, il obtint diverses fonctions

et le corps d'occupation (1). Je lui exposai la situation, l'âge de ma grand'mère, la nécessité absolue où elle se trouvait de conserver sa fille auprès d'elle. Il me répondit dans les meilleurs termes, et m'assura qu'elles pouvaient rester en toute sûreté. Je passai encore quelques jours à Constance, traversant souvent les rues au milieu des soldats français sans éprouver la moindre désobligeance. A quelque temps de là, j'appris que le général Masséna venait visiter la ville. Il était accompagné de tout son état-major. Il fallut le souvenir de la dernière réception de Franceschi pour que je n'allasse point rendre mes devoirs au général en chef.

Dès que je fus entièrement rassuré sur la tranquillité des êtres qui m'étaient si chers, je me décidai à partir. Je ne me trouvais pas assez en règle avec ce

administratives dans les droits réunis, puis fut nommé inspecteur des viandes du XIIIᵉ Corps de la Grande-Armée. En cette qualité, il fut fait prisonnier de guerre en octobre 1813. A son retour en 1814, Xaintrailles, qui signait en 1793 « le républicain colonel adjudant-général », reprit sans tarder le titre de comte, et assaillit le Gouvernement royal des protestations de son dévouement, mêlées de réclamations intéressées, qui n'eurent d'ailleurs aucun succès. Il mourut sous la Restauration, oublié et déconsidéré.

(1) La ville de Constance devait être bientôt évacuée par les troupes républicaines, à la suite des défaites de l'armée du Rhin à Ostrock et à Stockach, où elle fut battue par l'archiduc Charles. Elle fut plus tard occupée de nouveau à la suite d'un violent combat où le corps de Condé se distingua, le 7 octobre suivant (V. les *Souvenirs des Guerres d'Allemagne*, par le baron DE COMAU, p. 125.

passeport que j'avais obtenu par des moyens irré-
guliers, pour aller droit à Paris. Je pensais me rendre
d'abord chez les parents de Mme de Vitrolles, qui
habitaient en Flandre, dans une région déjà réunie à
la République. J'y donnai rendez-vous à Mme de
Vitrolles. Je comptais que de là nous pourrions juger
plus sainement si les circonstances nous permet-
traient de nous diriger sur Paris. Je partis seul avec
mon jeune garçon de quatre ans, au mois de mai 1799,
pour entreprendre ce grand voyage. La voie la plus
sûre était incontestablement pour moi de prendre par
la Suisse, d'aller à Bâle, et de suivre la rive gauche
du Rhin jusqu'à Cologne. Je me trouvais ainsi rester
toujours dans les régions occupées par les armées
françaises victorieuses.

Je repris donc la route de Zurich, bien décidé à
ne voir ni Franceschi, ni son général. Mais lorsque le
lendemain matin je me présentai à la préfecture
pour faire viser mon passeport, je fus assez rudement
interpellé par le plus rogue des préfets. Il me demanda
— non sans quelque raison. — où j'avais passé les
cinq semaines du temps qui s'étaient écoulées, depuis
la date où mon passeport m'avait été délivré. J'eus
beau lui expliquer les motifs de mon séjour à Constance, il n'en resta pas moins récalcitrant. Il me dit
que c'était ainsi que les espions ennemis, Anglais et
autres, parcouraient le pays, — ce qui était vrai.
Puis il me tint cent autres propos du même genre, et
finit par refuser absolument de viser mon passeport.
Et comme je me débattais de toutes mes forces contre
une aussi rigoureuse décision, il me fit la grâce de

me demander si j'avais des répondants dans le pays, et si je pouvais me réclamer de quelqu'un qui fût suffisamment connu. Dans l'embarras de ma situation, et espérant le décider, je lui dis que je pouvais fournir le meilleur des répondants; que j'étais connu du général Masséna.

« Eh bien! me dit-il, apportez-moi un ordre du général Masséna, et alors je viserai votre passeport. »

J'eus beau lui objecter la difficulté qu'il y aurait pour moi d'aller déranger le général en chef pour une aussi mince affaire, il maintint sa décision malgré tout ce que je pus lui dire.

J'étais dans un embarras indicible. Je ne pouvais risquer de me mettre en route sans avoir obtenu ce visa, c'eût été aller au-devant d'une arrestation certaine. J'en aurais peut-être pris mon parti si j'avais été seul. Mais que faire en une semblable occurrence de mon pauvre petit enfant? D'un autre côté, comment aborder Franceschi, qui s'était montré si farouche? Mon amour-propre souffrait durement à la pensée d'aller encore le supplier. Mais de telles considérations n'étaient pas de saison. J'allai chercher mon jeune fils, et je me décidai à affronter avec lui ce terrible quartier général. Je trouvai la maison dans un bouleversement complet. Partout se voyaient les préparatifs d'un départ précipité; c'étaient de minute et minute des allées et venues inusitées. J'eus toutes peines du monde à obtenir d'un des guides du général qu'il voulût bien appeler l'aide de camp Franceschi. Après quelques instants d'une attente vraiment mortelle, celui-ci arriva. A ma vue, il se mit dans une colère que je ne comprenais que trop.

« Quoi, vous êtes encore ici? me dit-il très brusquement. Et dans un pareil moment ! »

Je m'efforçai de lui expliquer la dure nécessité qui seule avait pu me décider à recourir encore à lui. Son impatience était au dernier degré, et je dus peut-être à la présence de mon enfant, et aux caresses qu'il lui fit, l'ordre qu'il finit par donner à un de ses gardes de m'accompagner à la préfecture et de dire au préfet, au nom du général en chef, qu'il eût à viser mon passeport. Franceschi me fit entendre en quelques mots qu'on venait de recevoir des nouvelles inquiétantes, qui allaient mettre l'armée et le quartier général en mouvement; qu'ils allaient partir pour se rapprocher des frontières d'Italie. Je sus bientôt que c'étaient les succès du général Souvarow qui menaçaient en ce moment même le territoire helvétique (1).

(1) Masséna avait pris, à la suite des défaites de l'armée du Rhin et de celle des Alpes, battue par Souvarow à Cassano, une position défensive sur la Limmat, entre Bâle et le Saint-Gothard. Il faisait face aux quarante mille hommes de l'archiduc Charles et au corps du général autrichien Hotze, séparés par le lac de Constance, et dont il voulait empêcher la réunion.

Du 22 au 27 mai, il livra aux Autrichiens une série de combats, sans pouvoir, malgré quelques succès partiels, empêcher la jonction de ses deux adversaires. Une bataille générale fut livrée autour de Zurich; elle resta indécise. Masséna abandonna alors la ligne de la Limmat pour se reporter en arrière, derrière la Reuss.

Il ne devait reprendre l'offensive que le 14 août suivant, où

Nous arrivâmes chez le préfet. Je l'abordai, comme à ma première visite, avec politesse et convenance. Mais le militaire qui m'accompagnait prit une chaise, sans attendre d'y être invité, et s'assit en gardant son chapeau sur la tête.

« Citoyen préfet, dit-il à l'administrateur, de la part du général, il faut signer le passeport du citoyen. »

Le personnage, fort interloqué, hésita d'abord. Puis, peu à peu, se confirmant dans sa résistance, il dit que les paroles ne lui suffisaient pas, et qu'il ne viserait pas le passeport sans un ordre écrit du général en chef. Je fus rejeté de nouveau dans les mêmes mortelles inquiétudes. Je n'avais plus aucun parti à prendre, car retourner auprès de Franceschi me paraissait, cette fois, impossible. Mais le soldat prit aussitôt le refus du préfet pour une insulte personnelle, et répliqua dans les termes les plus précis de la langue militaire.

les généraux Turreau, Chabran et Lecourbe attaquèrent simultanément les Autrichiens. Lecourbe s'empara du massif du Saint-Gothard et écrasa l'aile gauche de l'archiduc Charles. Enfin, les 25 et 26 septembre, l'archiduc ayant été remplacé par Kutuzow, Masséna ordonna de nouveau une attaque générale, enveloppa Kutuzow dans Zurich, et lui prit son artillerie, son trésor, ses bagages, et cinq mille prisonniers, pendant que Soult battait, sur la Linth, le corps autrichien de Hotze. Souvarow, de son côté, fut arrêté vers Glaris par Molitor, Mortier et Lecourbe, qui le rejetèrent dans les Grisons. Enfin, le général Korsakow, renforcé du corps de Condé et d'une division bavaroise, fut battu de nouveau à Constance et à Dierserhofen. En quinze jours, les Austro-Russes avaient eu vingt-six mille tués.

« Ah ! vous ne croyez pas ce que je vous dis, finit-il par s'écrier. Eh bien ! nous allons voir ! »

Et il partit comme un trait.

Je sortis de la maison avec mon petit garçon, et me mis à marcher le long de l'avenue qui y conduisait. Mes réflexions n'étaient rien moins que gaies. Je ne savais ce que j'avais à craindre ou à espérer, pas même si le guide du général reviendrait. Je n'avais même plus dans ce cas la ressource de retirer mon passeport, tel qu'il était, des mains du préfet, et, sans papiers, sans nulle justification d'une identité quelconque, que pouvais-je faire? Et que devenir? — Enfin, au bout d'une demi-heure, comme le désespoir commençait à me prendre, je vis mon homme qui revenait à grands pas. Il apportait l'ordre formel, et signé de la main de Masséna. Le préfet, de fort mauvaise humeur, le retourna de tous les côtés, voulut ergoter un instant, puis il se résigna, et finit par me remettre la pièce qui me rendait ma liberté et m'ouvrait, définitivement, les portes de la France.

On peut juger de la hâte avec laquelle je quittai cette ville, où j'avais rencontré de si terribles difficultés, et passé des heures si pénibles. Je suivis la route que je m'étais tracée. Ce fut au cours de ce voyage que j'appris les événements qui avaient suivi le Congrès de Rastadt, et les violences exercées sur les agents de la République (1). Je m'étonnai qu'elles

(1) On sait que les *violences* dont parle M. de Vitrolles allèrent jusqu'à l'attaque à main armée des voitures qui emme-

ne fissent pas une impression plus profonde sur l'esprit du public.

J'accomplis les différentes étapes de ma route sans rencontrer de nouveaux incidents, si ce n'est à Coblentz, où un adjudant de l'état-major français qui occupait cette place vint me demander mon passeport. Je le lui exhibai en toute assurance. Il ne put se refuser à le trouver parfaitement en règle. Mais il me dit que puisque j'étais Français, je devais avoir un certificat pour constater que j'avais satisfait à la *réquisition*. On sait que ce terme désignait ce qu'on a depuis appelé la *conscription* militaire, à ses débuts. Je m'étais attendu à tout, excepté à cette difficulté particulière. Je fus conduit devant le général, que j'ai cru reconnaître depuis dans la personne du maréchal Moncey, duc de Conegliano. Je plaidai vivement ma cause, et je fus assez heureux pour me tirer encore une fois d'affaire. Le général, heureusement, ne se montra pas rigoureux, car le droit strict était contre moi.

naient les plénipotentiaires français, après la dissolution du Congrès de Rastadt. Les ministres Bonnier et Roberjot furent tués; leur collègue, Jean Debry, le futur préfet du Doubs et baron de l'Empire, fut blessé plus ou moins grièvement, le 28 avril 1799. Ce crime odieux devait, d'ailleurs, demeurer impuni (V. les *Souvenirs des Guerres d'Allemagne* par le baron DE COMEAU, p. 115).

XXXII

Je m'acheminai vers cette partie de la Flandre qu'habitait la famille de Folleville, auprès de la petite cité de Pittau, non loin de Ruremonde. J'y attendis quelque temps Mme de Vitrolles qui vint m'y rejoindre avec sa petite fille. Elle venait de Munster, où elle avait passé l'hiver auprès de sa mère adoptive, Mme la duchesse de Bouillon. Plusieurs mois s'écoulèrent pour nous dans ce bon et doux asile, dans la société de mon beau-père, le baron de Folleville, dont les malheurs n'avaient point altéré la gaieté. A travers trois ou quatre générations, Allemandes au moins par les femmes, il avait conservé le caractère, la figure, les manières toutes françaises, et ce caractère indélébile d'esprit et de légèreté qu'on attribue à notre nation. Ma belle-mère était issue d'une très ancienne famille de ces contrées. C'était un type parfait de la beauté allemande. Elle avait encore, dans ses vieux jours, et sous les plus beaux cheveux d'argent, une figure douce et calme, le teint le plus uni, et la peau la plus belle. Elle portait l'empreinte de toutes les vertus.

Quelques mois après notre arrivée dans ce paisible pays, la nouvelle du 18 brumaire nous parvint. Il était aisé de deviner que cette dernière révolution aurait un tout autre caractère que celles qui avaient précédemment déchiré notre malheureux pays, et qu'elle devait bientôt nous ouvrir le chemin de la patrie si longtemps inhospitalière. Mme de Vitrolles voulut encore partir la première pour aller souder le terrain, et se rendre compte de l'accueil que nous pouvions espérer. Elle se rendit à Paris avec sa petite fille, et deux mois après j'allai la rejoindre.

En arrivant sur les hauteurs de la barrière Saint-Denis, seul dans ma voiture avec mon jeune fils, je découvris pour la première fois cette ville immense, qui depuis quinze ou vingt ans, s'imposait sans trêve à notre attention, ce vaste cratère où avaient fermenté tant et de si terribles révolutions. Il était cinq heures du soir. Les nuages amoncelés au-dessus de la ville se montrèrent tout à coup à mes yeux tout éclatants de couleurs que je n'avais jamais vues, gris, bleus, noirs et de toutes les nuances du pourpre. Il me sembla voir dans cet aspect imprévu du ciel de France un pronostic de la vie qui m'attendait dans cette nouvelle Babylone. Ces signes prophétiques ne me trompaient pas. Les troubles et les orages qu'ils semblaient m'annoncer n'ont point fait défaut à ma longue existence.

Un an ou quinze mois après mon arrivée, je me promenais sur le boulevard. J'étais entre deux de mes amis; Mme de Vitrolles, également accompagnée, nous précédait d'une vingtaine de pas. Je racontais précisément au comte Octave de Ségur et à l'autre de mes compagnons la bizarrerie des circonstances qui avaient accompagné ma rentrée en France, l'intervention de Franceschi, le général Masséna, Zurich,

Lucerne, etc., lorsque je vis une personne qui avait croisé Mme de Vitrolles, s'arrêter et la suivre des yeux comme pour la reconnaître. Je regardai à mon tour ce personnage, et quel ne fut pas mon étonnement de retrouver les traits du bon et brave Franceschi au moment même où je parlais de lui ! Notre reconnaissance fut des plus expansives. Je le ramenai à mon logis pour lui en apprendre le chemin, et il vint nous voir fréquemment pendant le séjour qu'il fit à Paris.

Il s'empressa de m'expliquer tout ce que je n'avais pu comprendre à Zurich, les raisons de son changement de ton et d'humeur, et les dangers trop réels que j'avais courus, le jour même où j'étais parti de cette ville dans la voiture du général Masséna. On s'était inquiété de ce voyageur, qui ne ressemblait pas à un autre, dont on ne pouvait fixer ni le rang, ni l'emploi. Le général Masséna avait questionné Franceschi; il l'avait accusé de légèreté pour avoir introduit chez lui et fêté sans réserve un personnage inconnu, dont la situation et les allures semblaient tout au moins douteuses sinon suspectes. Le pauvre garçon ne pouvait en effet donner aucun renseignement précis sur ce convive d'apparence insolite. Il ne pouvait donner que le nom de *Mme de Folleville*, qu'il avait connue à Paris, et cela n'expliquait rien. Les choses en furent au point qu'à mon retour à Zurich, il était fort inquiet pour moi, et n'osa pas me le dire. Il le fut bien davantage encore lorsque cinq ou six semaines après, il me vit reparaître au quartier

général, au moment du trouble et des inquiétudes
causés par l'approche du général russe Souvarow,
qui avait balayé les armées françaises d'Italie jusqu'au pied des Alpes. Je reprochai à ce brave Franceschi la réserve dont il avait cru devoir user envers
moi, dans la situation embarrassée où je l'avais placé,
sans le savoir ni le vouloir.

Le général Franceschi a terminé sa belle carrière
militaire pendant la cruelle guerre d'Espagne (1)
dans des circonstances particulièrement douloureuses.

(1) Le général Franceschi-Lovio fut tué en duel à Vittoria,
en 1810, par le colonel napolitain Filangieri, fils du célèbre
économiste. Celui-ci, qui était un bretteur avéré, devait plus
tard s'illustrer comme défenseur de Murat, et rivaliser d'influence avec le général Pepe.

FIN

PIÈCES JUSTIFICATIVES

I

Le Comte de Bussy au Baron de Vitrolles

Je vous fais mon compliment, mon cher Vitrolles, de bien bon cœur, pour votre mariage. D'après le bien que j'ai ouï dire de Mlle de Folleville et de l'agrément de ses alentours, vous ne devez pas douter, mon cher ami, du plaisir que me fait votre union avec elle. Si j'ai pu être assez heureux pour vous être utile dans vos malheurs, je m'en applaudis bien par l'excellente conduite que vous avez eue, et dont je joins ici avec plaisir le témoignage que vous désirez. Oui, mon cher ami, du moment qu'il vous fait plaisir de porter l'uniforme de mon régiment, vous pouvez vous en regarder toujours lieutenant à la suitte (*sic*) et je vous en enverrai le brevet, lorsque je ferai expédier les autres à vos camarades. Je trouve tout simple que vous ne fassiez pas cette campagne, puisque cela entre dans les arrangements dont vous me parlez. Dans la position où nous sommes tous, quand on a servi quatre ans comme vous l'avez fait, et que l'on a de telles raisons pour se reposer, personne n'a rien à dire. Il m'est impossible dans ce moment-ci de vous envoyer un certificat d'un général autrichien, étant continuellement en course. Mais je serai dans une quinzaine de jours au quartier général de Monsieur de Clairfait (*sic*) et je n'oublierai pas votre affaire. J'expédierai en même temps votre certificat des Chevaliers de la Couronne, et vous enverrai le tout. —

Donnez-moi de vos nouvelles, et adressez-moi vos lettres par Bellescize pour que je sache où vous prendre. Adieu, mon cher Vitrolles, portez-vous bien, soyez heureux, et bien persuadé du plaisir que j'en aurai, ainsi que de mon bien sincère attachement.

Le comte DE BUSSY,

Hochsendorf, ce 30 May 1795.

II

Acte du consentement donné par le Baron et la Baronne de Folleville au mariage de leur fille Thérèse de Folleville avec le Baron de Vitrolles.

Nous soussignés, Adam, baron de Folleville, et Marianne, baronne de Hall, épouse du baron Adam de Folleville, déclarons de donner, comme nous donnons par la présente à Son Altesse Sérénissime Madame la Princesse de Bouillion, née princesse de Hesse-Rheinfels, notre procuration en pleine et due forme, qui authorise Madame la Princesse de Bouillion d'unir en notre nom notre chère fille Thérèse de Folleville à Monsieur le baron de Vitrolles, et à traiter avec lui des conditions.

Requérant aussi Son Altesse Monsieur le Prince de Salm-Salm, ainsi que Son Altesse Sérénissime Madame la princesse de Bouillion, née princesse de Hesse-Rheinfels, de vouloir bien servir de père et de mère pour les actes de célébration dudit mariage, et déclarons de conserver à notre fille Thérèse de Folleville touts les droidts (*sic*) sur le bien qui pouroit nous échoir. En foy de quoy nous avons signé la présente et muni de nos armes.

ADAM, Baron de Folleville.

Marianne, baronne de Folleville,
née baronne de Hall.

Je soussigné, baillif des bailliages d'Angermund et Lans-
berg, païs de Bergue aux services de Son Altesse Sérénissime
Électorale Palatine et Bavaroise, certifie que les mains et les
armes qui se trouvent ci-dessus sont les propres mains et armes
de Monsieur de Folleville et Madame son épouse, lesquelles se
trouvent à présent dans le bailliage de Lansberg. Daté à
Lansberg, le 30 Avril 1795.

BITTER, baillif comme ci-dessus.

INDEX

des noms cités dans ce volume

IMPRIMERIE DE MONTLIGEON

LA CHAPELLE-MONTLIGEON (ORNE)

13801-2-24